KONGZI

Tujie Tianxia
Mingren Congshu

图解天下名人丛书　　本书编写组◎编

孔子

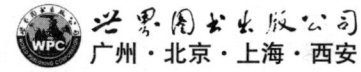
世界图书出版公司
广州·北京·上海·西安

图书在版编目（CIP）数据

孔子/《图解天下名人丛书》编委会编．—广州：广东世界图书出版公司，2009.11（2024.2重印）

（图解天下名人丛书）

ISBN 978-7-5100-1286-0

Ⅰ．孔… Ⅱ．图… Ⅲ．孔丘（前551~前479）–传记–画册 Ⅳ．B222.2-64

中国版本图书馆CIP数据核字（2009）第191337号

书　　名	孔子 KONGZI
编　　者	《图解天下名人丛书》编委会
责任编辑	吴怡颖
装帧设计	三棵树设计工作组
出版发行	世界图书出版有限公司　世界图书出版广东有限公司
地　　址	广州市海珠区新港西路大江冲25号
邮　　编	510300
电　　话	020-84452179
网　　址	http://www.gdst.com.cn
邮　　箱	wpc_gdst@163.com
经　　销	新华书店
印　　刷	唐山富达印务有限公司
开　　本	787mm×1092mm　1/16
印　　张	12
字　　数	160千字
版　　次	2009年11月第1版　2024年2月第10次印刷
国际书号	ISBN 978-7-5100-1286-0
定　　价	59.80元

版权所有　翻印必究

（如有印装错误，请与出版社联系）

前　言

孔子（公元前551年～公元前479年），名丘，字仲尼，春秋时期鲁国人。生于鲁国陬邑昌平乡。逝后葬于曲阜北郊的泗水边，即今日孔林。

据考证，孔子的祖先本是"成汤"后裔。自孔子的六世祖孔父嘉之后，后代子孙开始以孔为姓，其曾祖父孔防叔为了逃避宋国内乱，从宋国逃到了鲁国。孔子的父亲叔梁纥是鲁国出名的勇士，他的原配夫人施氏未能为其生育出一个健康的儿子，因此，叔梁纥晚年休妻，再娶了年轻的颜徵在，颜徵在即是孔子的母亲。孔子三岁时，其父叔梁纥病逝，之后，孔子的家境日益贫寒，其母将其交由外公抚养、教育。孔子天资聪颖，又极为谦虚好学，故学识日进。到青年时，孔子已经以博学知名于世，并开始广泛招收弟子，传授《诗》《书》《礼》《乐》等古代文化典籍。其后多年，孔子为求学布道而四处游走。

孔子51岁时回到鲁国做官，仅用短短数月，就使鲁国内政外交等方面大有起色，国家实力大增，百姓安居乐业，各守礼法。孔子杰出的执政才能让齐国备感威胁，为了挤走孔子，齐国向鲁国送上120匹良马和80位女乐，使鲁国国君鲁定公和大臣季桓子沉溺于声色犬马之中。身系民生的孔子自然无法对此表示认同，遂携高足离鲁，开始周游列国。

他先后到过卫、曹、宋、郑、陈、蔡、楚等诸侯国，并曾在卫国、陈国停留了较长时间。然而，他始终没有得到机会参与各国的政治活动，也没有找到贤明的君主来实现自己的政治主张，一般只是被供养起来装点门面而已，并多次备受冷遇与迫害。

孔子率弟子在外游14年，于68岁时回到鲁国，鲁国新继位的国君——鲁哀公对他礼遇有加，但依旧没有重用他。此时的孔子，已无心从政，只专心于教授门徒及整理文化典籍，修订六经。

孔子73岁时去世，众多弟子为他守孝3年甚或更长时间。在守孝

期间，众弟子将孔子平时所讲的话经过讨论辩证，编成流芳百世的《论语》。

孔子在世时，是当时社会上最博学者之一。去世后，被后世尊称为至圣先师、万世师表，他的思想及学说对后世影响非常深远。

孔子的思想体系的中心思想是"仁"，"仁"的概念在《论语》中出现百次以上，它是读者理解孔子思想的关键所在。"仁"的最简单表述就是"爱人"，即对人尊重和有同情心。孔子认为：一个人如想达到"仁"的标准，就必须"克己复礼"，通过对自己的克制和约束以提高道德水平，从而符合礼的要求。他说："夫仁者，己欲立而立人，己欲达而达人。"即：不仅自己要在社会上取得自立，在事业上有所发展，还需要帮助别人做到这些。孔子的学生概括他的为人处世之道是"己所不欲，勿施于人"，其中体现出一种关怀互助与平等相待的人文精神。总的来说，孔子将"仁"看作道德的最高准则，也是道德的总体。

孔子的思想兼有博大与朴实、内在与超越的特点，可以为身在浮尘之世的人们，揭示出人生的真谛与世间万物的内在"谜底"，使其能修其内，而安其外，在纷繁混乱的红尘中拥有一份真正的淡定与从容。

目录

声名远扬

圣人出而黄河清 ················· 2
幼年孤苦 ······················· 6
奉命成婚 ······················· 10
初任小吏 ······················· 12
慈母病逝 ······················· 16

大志出仕

问礼于老聃 ····················· 25
学乐于苌弘 ····················· 40
鲁乱去齐 ······················· 43
乐育英才 ······················· 54
柳下惠与鲁男子 ················· 59
学琴于襄子 ····················· 62
出仕为官 ······················· 67
诛杀少正卯 ····················· 68
夹谷会盟 ······················· 70

目 录

周游列国

携高足离鲁 …………… 77
匡城被围 …………… 82
折返卫国 …………… 83
宋国遇险 …………… 88
孔子适郑 …………… 92
在陈三年 …………… 94
三度赴卫 …………… 96
过晋不入 ………………………… 99
陈蔡之厄 ………………………… 104
转往楚国 ………………… 106
四度返卫 ………………… 109
倦游归鲁 ………………… 112

万世师表

制礼乐,作《春秋》………… 131
哲人枯萎 ………………… 138
孔子的教育特色 ………… 144
孔子的中心思想——"仁" … 152

目录

孔门弟子简介 …………………………………………… 162

孔子年表 ………………………………………………… 176

声名远扬

君子食无求饱,居无求安,敏于事而慎于言,就有道而正焉,可谓好学也已。

——孔 子

圣人出而黄河清

两千多年以前,世界上几个古老的文明国家,都拥有了极为灿烂的文化。公元前565年,佛始祖释迦牟尼诞生于印度。14年后,也就是公元前551年,一位受到万世敬仰的圣人——孔子在中国诞生。再过82年,希腊的伟大哲学家苏格拉底也降生了。这几位圣哲先贤对人类文化产生了巨大的影响。

孔子出生时,正是中国历史上的春秋末期。《史记》上记载着孔子出生在鲁陬邑昌平乡。

"鲁"是春秋时代的一个小国家,就是现在的山东省滋阳东南至江苏省的沛县、安徽省的泗水一带。

陬是山东省曲阜市东南方的一个城市。孔子的第12世孙孔安国说:"陬,孔子父叔梁纥所治邑。"

据考证,孔子本是商朝"成汤"的后裔,后来商朝迁到殷,由于纣王暴虐无道,周武王兴兵讨伐,因此灭了殷纣而取得商朝的天下。周武王封纣王的儿子武庚于朝歌,当成王继位后,武庚就不安分起来,竟然起而叛乱,后被周公旦(周武王的弟弟)讨平,改封殷纣的兄长微子启为"成汤"的后裔,以奉汤祀,国号曰宋(今河南省商丘以东至江苏省铜山以西一带)。

宋襄公生弗父何,弗父何生宋父周,周生世子胜,胜生正考父,考父生孔父嘉。这时候,公族繁衍得不可胜数,于是援用东周时代的"五世亲尽,别为公族"惯例,凡是孔父嘉的子孙,一律姓孔,这就是"孔"姓的由来。

孔父嘉是孔子的六世祖。孔父嘉生木金父,金父生睪夷,睪夷生防叔。防叔为了躲避华氏的祸乱而逃往鲁国,并定居在曲阜。

孔子的父亲——叔梁纥

防叔生伯夏,伯夏生叔梁纥。叔梁纥就是孔子的父亲。叔梁纥武力绝伦、智勇兼备。在一次战役中,由于他的勇敢和机智,救了自己的战友,使其免遭敌人的伏击,因此英名远播,且被委任为陬邑大夫。

叔梁纥起初娶了一位施姓女子为妻,只生了几个女儿,没有男孩。过了不久,施氏虽然为他生下了一个男孩,取名为伯尼,可惜这孩子天分不高而且足部有毛病,必须拄着拐杖走路,上学的时候,经常受到同学们的欺侮和嘲笑。

叔梁纥为了这件事一直闷闷不乐。施氏虽然贤惠,夫妇两人也很恩爱,不过,没有一个壮健的男孩来继承香火,总是一件憾事。

古时候的习俗，凡是女子出嫁后不能生育男孩者，就可援"七去"之条把她给休了。所谓"七去"也就是"七出"。《大戴礼》上记载着——妇有"七去"：不顺父母者去、无子去、淫去、妒去、有恶疾去、多书去、窃盗去。

叔梁纥对结发多年的施氏虽然恩爱难舍，但为了后代的子嗣问题，也只好忍痛和施氏分开，准备另选一位名门闺秀为继室。他听说曲阜县的颜姓人家有三位少女待字闺中，而且都是才德兼备，于是就央人去说媒。

虽然叔梁纥是圣王"成汤"的后裔，又是受人景仰的英雄人物，但他毕竟年事已高，因此使得颜家颇感为难。做父亲的颜襄素只好将这种情况告诉三个女儿，想听听她们的意见再做决定。

当时，他的长、次二女听了之后，都低头不语，倒是第三个女儿，闺名叫做徵在，她年纪最轻，才德也以她为最。她对父

公元前 551 年，孔子呱呱坠地

亲说:"依照古礼,女孩子在家从父,一切听凭您老人家做主好了。"

颜襄素看到自己的幼女如此善解人意,真是喜不自胜,于是让媒人转告叔梁纥,答应了这门婚事。

叔梁纥闻讯兴奋不已,于是择定吉日良辰,迎娶徵在为继室,老夫少妻,恩爱异常。

可是,他们婚后很久仍未生育,徵在当然也很着急。她向丈夫建议说:"据闻尼山神庙颇为灵验,我们何不前往祈祷,求神保佑,赐我麟儿,不知道夫君意下如何?"

叔梁纥正是求子心切,立刻欣然同意。第二天,夫妇两人斋戒沐浴后,一同驱车前往尼山神庙祈祷。

说也奇怪,果然没有多久,徵在就怀孕了。叔梁纥为她在昌平乡租了一间屋子,让她在那个安静的环境里待产。

公元前551年,也就是周灵王二十一年的十月庚子日,孔子呱呱坠地了。据说,这一年,原本是滚滚浊流的黄河竟然清澈见底。这是一种祥瑞的异象,也是"圣人出而黄河清"典故的由来。

★知识链接★

孔子故里

曲阜小城位于山东省的西南部,有着2500多年悠久历史。曲阜之名之所以享誉全球,是与孔子的名字紧密相连的。孔庙、孔府与孔林,构成了曲阜的核心。

孔庙是祭祀孔子的地方,始建于公元前478年,当时规模很小,仅孔子故居为庙。西汉后,随着历代帝王对孔子的不断加封,孔庙规模也随之扩大。孔府是个庞大的院落,其实并非孔子之家,而是其子孙后人的居所。孔林是孔子家族的墓地,占地200公顷。

孔庙建筑规模宏大,雄伟壮丽,金碧辉煌。它的原址,可以上溯到孔子死后的第二年，鲁哀公将孔子的故宅改建为庙。由此开始了祭祀孔子的历史。现存的孔庙是清朝雍正帝下令大修后的。大成殿则是孔庙的核心。唐朝时，这间殿堂称为文宣王殿；北宋天禧五年（1021）大修时移到今址；崇宁三年（1104）宋徽宗取《孟子》"孔子之谓集大成"语义，下诏更名为"大成殿"，大成殿的名字沿用至今。

孔府位于孔庙的东侧，占地面积约1.6平方千米，有楼房厅堂共463间，九进院落，三路布局。孔府与孔庙相比，风格较朴素。孔府的主体部分在中路，分前衙和后宅两大区，孔府大门坐北朝南，宽三间，深两间。门前左右有雌雄双狮，大门正中间上方高悬蓝底金字"圣府"匾额，由明代权相严嵩题写。两旁悬挂蓝底金字对联"与国咸休安富尊荣公府地；同天并老文章道德圣人家"，出自清代才子纪昀的手笔。

孔林是孔子及其家族的专用墓地，也是目前世界上延时最久、面积最大的家族墓地。孔子葬于城北泗上，他的后代从家而葬，时日积累，形成了今天孔林。从子贡为孔庐墓植树起，孔林内古树已达万余株。自汉代以后，历代都对孔林重修、增修，以致形成现在总面积达2平方千米的规模。

幼年孤苦

叔梁纥晚年得子，那份喜悦不难想象。满月的这一天，他大排喜宴，招待亲友，一时贺客盈门，热闹非凡。把襁褓中的幼儿抱出来让亲友们欣赏，这孩子生得眉宇开阔、三停平等，而且啼声洪亮，确实不同凡响。叔梁纥由于爱子是承受尼山灵气所生，因此叔梁纥当场替他取名为丘，字仲尼。

这孩子的确有异于常人的禀赋，在他呀呀学语阶段，很多事情一经指点就能领悟，而且经久不忘。

在孔子3岁的时候，叔梁纥已是古稀之年。有一次偶感风寒，身体略有不适。由于他是练过武功的人，并未把小毛病放在心上。但他毕竟是上了年纪的人，抵抗力大不如前，病情由轻转重，于是赶紧请医诊治，无奈为时已晚。从发病时起，仅短短几天时间，他就撇下娇妻爱子撒手人寰了。

年轻的徵在骤遭此变，简直痛不欲生。她是知书达理的名门闺秀，虽然这种打击使她哀恸逾恒，但家庭重担还得由她一肩承挑，因此，她不得不强抑悲恸之情，遵礼治丧、安葬，并负起养育子女的责任。

她首先把一家人从陬邑搬回曲阜的故里，由于叔梁纥生前为官清廉，没有留下很多的财富和产业，徵在必须克勤克俭，量入为出，才能使一家人无冻馁之虞。

这时候，施氏所生的伯尼已经9岁，由于足部有毛病不良于行，经常受到同龄孩子们的欺凌、侮辱和讥嘲，使得他把上学这件事视为畏途，说什么也不肯再去读书。徵在看在眼里，着实同情他，不忍深责，于是索性由自己来教导。伯尼的资质虽钝，但对于是非善恶却能了然于心，继母的慈祥关怀使他感激莫名，因此格外地恭敬孝顺，对弟弟孔丘更是非常地友爱。

伯尼比仲尼大6岁，徵在教伯尼读书的时候，仲尼只好独自一人玩耍。他曾经跟着哥哥去看人家的祭祀仪式，他专注地观看，牢牢地记在心里，因此他弄来一些小木器，当作祭祀用的器皿，依照记在心里的程序，煞有介事地搞起祭祀仪式来。

母亲见仲尼具有富于学习的精神，心里非常高兴，于是开始教他识字，本来预定要半个月才能学完的进度，他却两三天就都记熟了。没有多久，他就能跟哥哥伯尼在一起读书了。由于他资质聪颖，领悟力又强，真可谓一目十行，而且牢记不忘。到后来，连母亲都感到有点无法应付了。徵在心想，这孩子有异于常人的禀赋，自己所知道的已不能满足儿子的求知欲。寻思再三，决定把他送到外公那里就读。

常受欺凌、侮辱的伯尼

　　主意既定，徵在就趁着方便的时候，把仲尼带了过去，并向父亲说明原委。颜老先生看到自己的外孙如此聪敏伶俐、活泼可爱，高兴得开怀大笑，欣然答应。他说："关于礼、乐、书、数这四种，我可以尽情地教他，至于御、射两科，我仅知一二，将来恐怕还得另外请教高人。"

　　徵在微笑着说："父亲！我不想让他长大以后去当军人，御、射两科暂时不要教他，就请您把前四种尽心传授吧。"

　　颜老先生是一位满腹经纶的饱学之士，他最疼爱自己的这位幼女，何况她生下的这个小外孙，是如此的聪明伶俐，不同于一般孩童，而且好学好问，使得做外公的越看越觉得可爱，决心把自己生平所学悉心传授给这个小外孙。

　　徵在看到老父欣喜的神态，并且愿意倾己所学教导自己的孩子，感动得热泪盈眶，连声道谢。

可怜的仲尼，3岁丧父，家境十分清苦，以致学无常师，而他偏又好学不倦，徵在自忖儿子将来必成大器，有关他的教育问题，一直令她操心不已，把孩子交到外公手里，也可以告慰亡夫在天之灵了。

就这样，孔子每天随侍在外公左右，聆受教诲，不懂的地方立即发问，一经指点，马上领悟。光阴荏苒，不出几年，浩繁的卷帙他已读了不少，关于教民安乐，治国平天下的道理已经颇有心得。

有一天，外公对孔子说："这几年来，你跟着我读书进修，颇有进步。你应该致力于做一个君子，将来你出仕为官的时候，应当尽守文武之法，远宗尧舜之道，顺天时，察地理，小则可以致民安乐，大则可以治国平天下，你要切记这一番话。我已经年迈，精力日衰，看不到你日后的成就，只要你本着这一点去做，我也就可以含笑九泉了。"

孔子在15岁的时候就立志向学，好好读书要做一个学者，所以他在外公那里孜孜不倦地勤学不辍。就在他19岁那一年，外公颜老先生由于年事已高，在一场大病中去世了。孔子悲恸不已，他和母亲在颜家守丧百日，然后回到自己的家里。

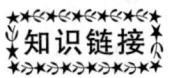

六 艺

六艺术是周代教育贵族子弟的六种科目。"艺"为"艺能"之意。即礼、乐、射、御、书、数。礼包含政治、道德、爱国主义、行为习惯等内容；乐包含音乐、舞蹈、诗歌等内容；射是射箭技术的训练；御是驾驭战车的技术的培养；书是识字教育；数包含数学等自然科学技术及宗教技术的传授。

六艺的萌芽在夏代已见端倪，经商代，至周而逐步完善。"六艺"教育的特点是文、武并重，知能兼求和注意到年龄的差异及学科的程度而教育有所别。"六艺"中礼、乐、射、御，称为"大艺"，是贵族从政必具之术，在大学阶段要深入学习；书、数称为"小艺"，是民生日用之所需，是小学阶段必修课。当时，庶民子弟只给予"小艺"的教育，唯贵族子弟始能受到"六艺"的完整教育，完成自"小艺"至"大艺"的教育。

六艺服务于封建统治需要，但也反映了教育的普遍规律，对后世具有深远的影响。《明史·选举志》载："生员专治一经，以礼、乐、射、御、书、数设科分教，务求实才，顽不率者黜之。"可见"六艺"在科举取时期仍然扮演重要角色。

奉命成婚

孔子秉承父亲的遗传，身体非常魁梧、壮硕，到19岁的时候已经出落成一个伟岸男子了。做母亲的望孙心切，希望他能早日成婚。孔子不敢违逆母亲，可是自认年纪尚轻，学识、经验都还不够，准备到各地游历，访求名师以充实自己，于是婉转地对母亲说道："古有明训：男子三十而娶，孩儿年纪还小，想趁此机会出去游历一番，以便增进自己的阅历和学识，何必这么早成婚呢？"

母亲微微叹一口气说道："你的志向可嘉，我无意阻挡你。不过，回想起当年你父亲娶我的时候，年已老迈，他不但无法眼看你长大成人，而且我也度过了许多年的孀居岁月。我是在想，如果让你先行完婚，我有媳妇陪伴身旁，你则可以出外访求良师，勤研学问，这不是内外都可兼顾了么？"

孔子一向事母至孝，想到这么多年来，母亲含辛茹苦地操持家务、抚育子女，确实也该有一个人在她老人家身边侍候、代劳,于是回答说:"一切听凭母亲做主好了。"

过了没多久,徵在打听到宋国有一位姓亓官的人家,有一个闺女,年龄和孔子相仿,而且是才德兼备。徵在非常中意,于是托人去说媒。对方听说是叔梁纥的儿子,系出名门,又是饱读诗书,立刻答应了这门亲事。

孔子为尽孝而提早娶妻

于是就先行举行聘定之礼,然后选定吉日良辰正式迎娶成婚。

第二年,亓官氏生下一个男孩子。这时候,孔子虽只有20岁,但他的学识已深受人们的景仰,被公认是一位年轻的学者,就连鲁召公都已经知道他的大名了。当孔子喜得第一个男孩后,鲁召公马上派人送来一条鲤鱼,表示祝贺之意。

"鲤鱼跃龙门"这句成语是说,鲤鱼在湍急的黄河里,可以逆流而上,在水位差距甚大的"龙门"那个地方,如能一跃而过就能变成一条龙。当然,这只是一种传说,绝非事实。不过,在孔子那个时代,鲤鱼确实被认为是一种吉祥的东西。

孔子受到这份殊荣高兴非凡,立刻为这孩子取名为鲤,字伯鱼。伯是长子的意思，事实上，伯鱼之后，亓官氏并没有再生下儿子，他是孔子唯一的儿子。另外一件遗憾的事，那就是伯鱼资质平庸，不能算是可造之材。

初任小吏

结婚生子以后，家庭开支增加，孔子需要去找一份差事以便赡养妻小。当时孔子的好友南宫敬叔是鲁国公族孟懿子的哥哥，敬叔对孔子非常敬佩，把孔子视为老师，同时也很同情孔子的家道清贫，于是向弟弟孟懿子力加推荐。

敬叔的弟弟孟懿子名何忌，字仲孙。孟孙氏是鲁国的三大公族之一，其余两个公族是叔孙和季孙，他们都在各自培植自己

态度温和恭顺的孔子

的势力,由于这个缘故,孟懿子想把孔子留在自己的身边,他对哥哥表明了自己的心意,他说:"如今周室衰败,三大公族都各自培植自己的力量,我们的赐邑虽然和其他两家相同,但是户口不多,财用不丰,我很想把孔子留在身边,这样的贤才,岂能失之交臂?以后如有适当机会,再把他举荐给朝廷好了。倒不是我个人存有私心,而是时势使然,你说对不对?"

敬叔认为弟弟的话也不无道理,接着建议说:"那么,这样好了,田赋方面经过孔子的整顿已经上了轨道,今后的财用,大致不会有什么问题。不妨把他调为司职吏,让他管理户口的事,你看如何?"

孟懿子一听,欣然同意。他说:"田赋和人口正是困扰多年的老问题,田赋方面经过孔子的整顿,已经大有成效。另一个人口的问题,恐怕还得借重他才行。"

孟懿子是鲁国的贤大夫,他知道哥哥举荐的必定是才人贤士,于是立即派孔子为成邑的委吏。成邑是孟孙氏的赐邑,委吏是管田赋粮谷的小官。虽说是小官,却是一个肥缺,过去历任的委吏都和家臣们串通一气,营私舞弊,而且由来已久。孟懿子为了整顿赋税、清除积弊成见,所以才用新人,以求改革。

以孔子的学识能力,担任这种小官职,不但是游刃有余,简直是大材小用。

孔子初入仕途,并不因为官卑职小而马虎从事。他接任之初就发现其中弊端重重,而且上下其手,沆瀣一气,要跟这班恶势力周旋,还真不容易呢。

孔子聆受外公的教诲,要做一个正人君子,不但不肯和他们同流合污,而且加倍地择善固执,当他全盘了解舞弊的黑幕后,就大刀阔斧地予以改革,把过去赋税不足的情形,整个地扭转过来,使得田赋都能如期收缴,再也没有亏欠的事。

这么一来,当然引起那班宵小的猜忌,尤其是成邑宰公克,因为孔子断了他的财路,因此怀恨在心,处处暗加阻挠和掣肘,

希望把他们的眼中钉拔掉。

渐渐地,孟懿子觉得事情有点蹊跷,猜想孔子已被宵小收买,跟他们一起同流合污了。于是派人彻查,巧的是,奉派彻查的正是孔子的好友南宫敬叔。这下子,所有的内幕完全抖了出来,凡是串通舞弊的人员,一律予以严惩。

之后孟懿子对孔子更是礼遇有加,随后就举荐孔子担任可职吏,并在孔子接任司职吏前曾设宴招待。席中,孟懿子问孔子有什么办法使辖内的人口增加。

孔子对显赫一时的孟懿子侃侃而谈,他说:"若想赐邑内的人口增加,必须要做五点:第一要薄赋税。如果赋税太重,人民负担不了,必然离此而去。第二要轻徭役。假如劳役过多,人民不堪其苦,就会纷纷逃亡,以致人口越来越少,这也是必然的道理。第三要慎刑戮。即使人民偶犯过错,也不可任意处罚,滥加杀戮,否则,人民就会逃离此地,投奔他乡。第四是定婚嫁。如果婚嫁无定期,则会出现不是早婚就是晚婚的现象,早婚则因为男女双方发育未全,产生的后代必定体弱而不健康;晚婚则虚度青春,减低了生育,两者都不适宜。我认为男子制定22岁、女子制定18岁为婚嫁期最合适,除残废、恶疾者外,不得逾期不婚嫁,否则家长应受处罚。第五是应该厉行节俭。奢靡浪费足以亡国亡身,故必须崇尚节俭,如此上行下效,才能臻于富强之境。如能切实做到这五件事,那么,邻近的百姓都会闻风前来,还愁人口不年年增加么?"

孟懿子一边聆听,一边频频点头称是。宴散时,他向孔子致谢说:"谨受教。"

孔子担任司职吏的这段期间,由于工作较为清闲,时常和敬叔等人结伴出游。有一天,他们一同去游泰山,在途中见到一位鬓发皆白的老人,他身披鹿裘,项挂丝索,手里拿着一把琴,且行且歌,一副自得其乐的样子。

孔子觉得很奇怪,于是走上前作礼,问道:"请教老丈尊姓大名?"

老人回答道:"我叫荣启期。"

孔子继续请教说:"久仰荣老前辈的大名,请问为什么如此高兴?"

"哈哈!你问这个么?我告诉你吧,我有三乐:天生万物,唯独人最尊贵,我生而为人,当然快乐。 其次是,自古以来,男尊女卑,我有幸生为男子,这是二乐。 第三,人的寿命有长短,有的刚出生就死掉,也有幼年夭折,更有中年身亡的。 你瞧我,已经行年 90 岁了,身体还很健康,怎不令人高兴?这是三乐。 再说,贫穷本是士人的常态,死亡是人生的终局,一个人能居常而待终,还有什么值得忧愁的呢?"

孔子转过身来对敬叔说道:"真不简单!他能如此地旷达,乐天知命,把人生看得如此地透彻,那么,世间的一切忧乐都可以撇下不管了。"

知识链接

荣启期

荣启期(公元前 571~公元前 474 年)字昌伯,春秋时期郕国(今汶上县北)人,生于周灵王元年(公元前 571 年),卒于周元王二年(公元前 474 年),终年 98 岁。荣氏祖先本与西周姬姓同宗,"周成王卿士荣伯食采于荣(今河南巩县西),因以为姓氏。"周庄王四年(公元前 693 年),荣叔公"奉王命见鲁桓公,有功社稷,封为上谷大夫,始迁于鲁,宅居郕邑(今山东汶上,古称中都),是为鲁宗之始"。荣启期为叔公后人,精通音律,博学多才,思想上很有见解,但在政治上并不得志,特别在老年以后,常常在郊野"鹿裘带素,鼓琴而歌",并以此自得其乐。

慈母病逝

孔子的母亲早年孀居，含辛茹苦地度过了不少寂寞岁月。纯性至孝的孔子一心想承欢膝下，反哺相报，让母亲享享清福，以尽人子之道。媳妇亓官氏非常贤淑，而且嫁过来的第二年，就替孔家生下一个白胖的儿子。

孔子自己已经有了一份稳定的差事，俸禄虽然不算丰厚，至少可以使一家人生活无忧。看到母亲含饴弄孙的喜悦之情，孔子的心中也感到无比的欣慰。

当时的世局是，表面上是周朝号令诸侯，事实上，周朝已日渐衰微，诸侯间各自扩充势力，彼此明争暗斗，互相倾轧。百姓的日子越来越不好过。孔子向孟懿子建议要薄赋税、轻徭役，就是针对当时的情况而发的。

孔子对此深感痛心，他曾说过"士而安于居，不可以为士"，这就表示他不以目前的小成就而满足，他要以匡正天下为己任。

这时候，孔子母亲的身体由于多年来的操劳，健康状况一年不如一年，孔子不忍远离，以便多一点承欢膝下的机会，免得将来抱憾终身。

怎奈天命难违，就在孔子24岁那年，孔老夫人竟然一病不起，与世长辞了。正所谓"树欲静而风不止，子欲养而亲不在"，父母之恩，昊天罔极！孔子的哀痛，简直难以言喻。

以往，凡是遇到别人家有丧事，孔子前往吊唁的时候，如果人家招待他吃饭，由于心中悲伤的缘故，往往食不下咽，回家以后，仍然一直闷闷不乐，唱不出歌来。如今，亲人离去，那份悲恸，岂是笔墨所能形容？

在周朝以前的古礼，死者都是土葬，而且父母不合葬在一起，这也许是子孙不忍见到先人腐朽骸骨的关系。到了周代，就有合葬的风俗了，因为《诗经》上有"死则同穴"这句话。

孔子含悲忍泪把母亲入殓以后，就想将灵柩和先父合葬在一起，这时候却出现了一个难题。当初叔梁纥和徵在结婚时，男方已是花甲老人，女的却还只是一个及笄少女，这种婚姻，不合"壮室初笄之礼"，所以称之为"野合"。基于这个理由，在叔梁纥病故时，根本就没考虑日后让徵在与他合葬。徵在可能知道先夫埋骨的地方，但她不敢做此想，也就没有告诉孔子。

孔子一心想让母亲和先父合葬在一起，于是四处托人到故乡陬邑去打听，经过不少的波折，才知道父亲的坟墓是在曲阜东南方20余里处的防山，孔子赶去一看，见到荒草蔓生，几乎无法辨认，他随即雇人将父亲的棺木起出来，重新挖穴，然后把母亲的灵柩运来与父亲的合葬在一起，最后在墓前竖立一块石碑，以便日后祭祀时可以辨识。

知识链接

春秋时期丧葬制度

丧指哀悼死者的礼仪，葬指处置死者遗体的方式。中国古代的丧葬制度包括埋葬制度和居丧制度，居丧制度还可分为丧礼制度和丧服制度。无论是埋葬制度还是丧礼制度、丧服制度，都具有等级分明、形式繁缛这两个显著的特点。这种丧葬制度与宗法制度密切相关，其中许多内容由国家法典规定，还有许多内容在民间相沿成俗，反映了宗法社会中人们的伦理思想和宗教观念，是古代文化的重要组成部分。

一、墓葬的起源以及土丘坟的形成和发展

中国传统的葬式是土葬，土葬必有坟墓。坟墓连称，似乎是一回事，其实这两个字的本来意义是有区别的。《礼记·檀弓上》引用孔子的话说"古也墓而不坟"。郑玄对这句话的注释是："墓为兆域，今之封茔也。土之高者曰坟。"实施土葬，要把死者安放在棺木中，然后把棺木埋入土穴，埋棺之处叫做墓，也叫做茔，墓地范围以内叫兆域。在墓地埋棺之处地面上堆土成丘，叫做坟，也叫做冢。也就是说，墓指平处，坟为高处，所以汉代学者特别提到"葬而无坟谓之墓"。要了解古代的埋葬制度，首先应该考察墓葬的起源以及土丘坟的形成和发展。原始社会初期的人们并不掩埋同类的尸体，而是弃之于原野山谷。

孟子认为从不葬其亲到藁槁而埋之，是人们不忍心亲人的尸体遭受野兽昆虫的噬食，这是伦理观念进步的表现。大约从旧石器时代中期开始，人类已经对死者进行有意的埋葬了，这一方面固然是出于对自己集团的成员的关怀，眷恋死去的亲人，更重要的是同灵魂观念和原始宗教的产生有关。灵魂不死，就成为鬼魂。人们想象鬼魂在阴间即另一个世界，也象活人一样生活，而且能自由来往各地，具有生人不具备的神秘力量，尤其是氏族首领和家长的鬼魂，在冥冥之中仍然掌握着威权，可以降福，也可以作祸。基于对鬼魂的敬畏和对阴间生活的幻想，人们自然而然形成了对死人的崇拜，也就有必要对尸体进行一定的处置，加以保护，以讨好死者的鬼魂，由此产生了各种葬法和葬礼。

《易·系辞下》提到上古的墓葬"不封不树"，也就是葬地不起坟，也不种树以设标志。传说中的相当于原始社会后期的上古帝王陵墓，如河南淮阳县的太昊（伏羲）陵、陕西黄陵县的黄帝陵、湖南酃县的炎帝陵、山东曲阜市的少昊陵、河北高阳县的颛顼陵、山西临汾市的尧陵、湖南宁远县的舜陵、浙江绍兴市的禹陵等，虽然都有高大的封土堆，但葬地本来出自后人的附会，并不可信，陵墓中不可能真的葬有这些上古领袖人物的尸骨，"坟堆"也是后人陆续添土加高的，不能说明当时的葬俗。即便已经进入阶级社会的夏、商、西周和春秋前期，也仍然是"墓而不坟"、"不封不树"。如西汉末刘向所说："殷汤无葬处（意为不知葬处），文、武（周文王、武王）、周公葬于毕（陕西咸阳东北），秦穆公葬于雍橐泉宫祈年馆下（今陕西凤翔县南）。皆无丘垄之处。"东汉崔寔在他作的《政论》一书中也说"古者墓而不坟，文、武之兆，与平地齐"。 在河南安阳市发掘的殷王室墓群，虽然墓穴规模巨大，最大的连同墓道面积超过700平方米，但墓与地平。 在陕西凤翔县雍城发掘的春秋时秦公的墓葬群，有的大墓占地超过500平方米，也未见任何迹象表示葬时曾筑大坟。 这样的大型墓葬如果当时有封土堆，即使风雨剥蚀，也不可能到今天连一点痕迹都没有留下。动用大量人力、物力经营的王公的大型墓葬如此，更不用说一般百姓的墓葬了。

在江苏南部和安徽东南部湖熟文化遗址中，曾发现过少数西周时期有封土堆的墓葬，但这些墓葬并无墓穴，而是在平地上铺一层石卵作底，然后置放尸体、随葬品，再堆上封土，封土也不夯实，实际上是改"厚衣之以薪"为"厚衣之以土"。 这只是潮湿低洼地区在难以解决墓穴渗水问题的情况下采取的特殊葬法，同后世真正意义的土丘坟并不相同。

从文献记载来看，中原地区的土丘坟在春秋中期已经出现，并有了一定程度的流行。《礼记·檀弓上》说孔子去世后，有人从燕国赶来观摩葬礼。

礼学家认为古不墓祭，祭祀祖先的礼仪应该在宗庙中进行，到墓地去祭奠祖先在秦汉以后才逐渐形成风气。 其实不然，墓祭之事出现很早。《史记·周本纪》记武王东观兵孟津（今河南孟津县东北），准备伐纣，出发前曾去文王墓地祭祀。 春秋战国时墓祭的现象已相当普遍，因为无论是怀念祖先而贡献祭品，还是为得到祖先鬼魂的保佑而有所祈祷，在一般人心目中，直接到祖先葬身之处祭告，似乎更能被祖先所接受。 南宋理学家张栻说："周盛时固亦有祭于其墓者，虽非制礼之本经，而出于人情之所不忍，而其义理不至于甚害，则先王亦从而许之。"《礼记·曾子问》曾提及孔子主张可以"望墓而为坛，以时祭"。 如果墓地不封不树，年远世久，就会难以确认，因而需要堆土成坟作为标志。孔子为父母合葬，又在墓上培土封之，就是出于这种考虑。

另外，春秋战国之际社会激烈动荡，以各国国君为首的统治者们生前穷奢极欲，他们幻想死后到了另一个世界，不仅可以照旧享受原先享受的一切，而且仍能向世人显示自己的赫赫威权，高大的封土堆正象征着统治权,比"墓而不坟"更符合他们的心意,因此它一旦出现,即群相仿效。 而通过坟丘的高低大小和不同的形状来区分死者的身份,比埋在地下的其它用以区别身份的东西更能使后人有所感觉,这也正体现了森严的封建秩序,由国家予以规定,有利于巩固封建统治。《吕氏春秋·孟冬记》就记载了当时专门有官员"营丘垄之小大、高卑、薄厚之度,贵贱之等级"。 王公贵族的倡导和封建国家用政令来推行,也大大加快了土丘坟的普及速度。

二、族坟墓制度和家族墓地

在原始社会,氏族公社所有成员生前居住在同一村落,死后埋葬在同一墓地。 这种公共墓地制度进入阶级社会后有了新的发展。 到了西周春秋时期,与实行严密的宗法制度的社会形态相适应,死者按宗法关系,在由国家政权指定的公共墓地中同族而葬,典籍中称之为族坟墓。《周礼》中规定大司徒的职责有"以本俗六,安万民",所谓的本俗就包括"族坟墓"这一项。 郑玄指出,这是因为"同宗者生相近,死相迫"。 族坟墓又分为公墓和邦墓两类。《周礼》说冢人"掌公墓之地,辨其兆域而为之图,先王之葬居中,以昭穆为左右。 凡诸侯居左右以前,卿大夫、士居后,各以其族"。 而墓大夫则"掌凡邦墓之地域为之图,令国民族葬而掌其禁令,正其位,掌其度数。"

也就是说,公墓是国君和王室贵族及其子孙的墓地,规划严整,早就画成图样,按照宗法关系区分尊卑次序,排定墓地,中间是历代国君的墓,以最早葬入的先王为准,把以下各代的国君依一昭一穆、左昭右穆的次序轮流排列,依次葬入。 在国君墓位的左右,则是其他大小贵族的墓位,身份高的居前,身份低的居后。 由于这些贵族同出一系,只是以与国君血缘关系的亲疏而层层区分大小宗,从而具有不同等级的身份,所以实际上如郑玄注所言,是"子孙各就其所出王,以尊卑处其前后"。 这种事先固定墓次的公墓制度,正反映了统治集团成员在世时的宗法关系。 邦墓是"凡邦中之墓地,万民所葬地",普通平民葬入其中,也由专门官员掌管,划分地域,分族同葬,葬次也昭穆有序(正其位),而且依生前的地位而规格不同(掌其度数)。

典籍中描述的典型的族坟墓制度在战国时期仍然存在,但随着封建王权的膨胀,原先的公墓实际已成为王陵区,只埋葬王及其配偶和少数关系最亲近的王室血亲,一般的贵族封君、各级官僚则同平民一起葬于邦墓。这种相当于公墓的王陵区显示了地域不断扩大的趋势，如秦以今西安以东，灞河以西的芷阳之地为王陵区，秦始皇又为自己在骊山建陵，整个王陵区自西至东，绵延达20多公里。范围如此之广，反映了最高统治者贪欲的扩大。各处发掘的相当于邦墓的战国墓地，墓序排列有一定的次序，显然依照宗法规范，而且往往有身份差别很大的人交错而葬的现象，这说明世卿世禄制度已经破坏，血统亲近的宗亲生前可能地位不同，贫富悬殊，但死后仍由宗法关系维系而族葬一处族坟墓制度是与"溥天之下，莫非王土"的土地国有制紧密联系着的，墓地由国家划分，由国家派遣官员管理，不同宗族、不同身份的人死后按各自应有的规格葬入划定的地域。墓地中划分给各宗族的地域并不归该宗族所有，所谓"其地属于公而非私有之也"。战国时各国变法的结果使土地私有逐渐合法化。但墓地由于并非生产资料，而是血亲关系的一种重要体现物，直到西汉时才被分割为私有财产，而且可以自由买卖。《汉书·李广传》记载武帝时丞相李蔡被赐给阳陵附近的冢地20亩，李蔡盗取三顷，并且出卖，得钱40余万，因而获罪自杀。清道光年间在四川巴县发现了一块汉宣帝时的刻石，镌有"地节二年（前68年）正月，巴川民杨量买山，值钱千百，作业示子孙，永保其毋替"27字。买山就是买墓地，这块刻石说明当时买卖墓地已是民间的普遍行为。

这时墓地既然成为私有财产并可买卖，原先由国家规划并掌管的邦墓也就完全解体。不同的家族，可以依照各自的地位、财力，选择不同的墓地，分散各处，而同一大片墓区内也可包括若干不同家庭各自购置的墓地。整个墓区的墓穴不象以前的邦墓那样排列整齐，但可分辨出若干属于不同家族的墓群，每一墓群的墓穴通常仍有一定昭穆次序，不过这都由各个家族自行安排，不再受官府的干预。帝王陵区由于面积扩大，居民点和民间墓地杂处其间。汉初又有异姓功臣陪葬帝陵的制度，这些异姓功臣只是单独埋入，并非"各以其族"。凡此也都与原先的公墓大相径庭。族坟墓制度至此已基本崩坏。

汉代以后，族坟墓制度虽然成为历史的遗迹，但其影响仍长期存在。这种影响体现在两个方面。第一，在宗族势力强大的地区，人们生前聚族而居，死后也都葬在属于本宗族所有的墓地里。一些强宗豪族墓地广大，往往可以在几百年中绵延不断地葬入本族成员，经历好几个朝代。墓地中按血缘关系的亲疏和生前的地位安排墓穴。这种大家族墓地中最著名的是山东曲阜孔氏的墓地孔林，占地达三千多亩，在两千多年的时间中，葬入数不清的孔氏族人（孔子墓也在其中）。当然，这一大片家族墓地得以长期维持，不被分散、转卖，与孔氏家族在封建社会中的特殊地位有关。从民间的一般情况而言，由于家族共有墓地面积有限，而族中人口不断繁衍，到后来，由各房各支乃至各个家庭另行自择墓地成为必然趋势，甚至有同一家庭的成员也不葬在同一墓地的情况。宋代的理学家每每感慨于世道不古，人心大坏，他们把两周时的宗法制度理想化，认为"管摄天下人心，收宗族、厚风俗，使人不忘本"，应该恢复上古的宗法组织。与此同时，也大力抨击在墓葬方面冢墓丛杂，昭穆淆乱，别建兆域，自离其祖，散无统纪，不复省视等现象，而提倡参酌《周礼》的记载和当代的实际情况，重新制定易于推广的族葬制度。其中赵昺的《族葬图说》主张根据五世而迁的原则，每一家族以买下墓地首次葬入者为始祖，葬于墓地中央，第二世葬于始祖墓的左前方，第三世葬于始祖墓的右前方，第四世葬于第二世的前方，第五世葬于第三世的前方。每一世不分嫡庶贵贱，一律以出生先后为序安排穴位，出生愈前的距始祖墓愈近。左昭右穆，但分世数，不分尊卑。夫妻同墓，未成年死去的男女之殇则按世次分列始祖之墓的背面。五世以后，另觅墓地。这种族葬方法以五世为限，在明清时被一些讲求古礼的士大夫称为"平实精密，足以补《周官》之未备"，"序昭穆，收族属，有宗法之遗意焉"。在封建社会后期，与深深渗透于农村社会的祠堂族权相辅相成，许多家族都有本家族的墓地，虽然其规模有大有小，葬入的世代有多有少，保存的时间有长有短，但它们都按照一定的方式安排家族成员的墓穴。可以这样说，尽管有不断分散的趋势，尽管出现了各个家庭自行择葬的现象，但就普遍意义而言，同一家族的许多成员葬于同一墓地的情况始终存在。

　　对每一个社会成员来说，家族墓地具有神圣的意义。在中国，依恋祖宗坟墓，被认为是人伦大端，死后不准葬入祖坟，则是对有罪子孙的严厉惩罚。

　　一个人即使离乡背井，也求有朝一日叶落归根，能老死家乡，葬入家族墓地。

如果客死他乡，一般来说，其家属要千方百计把灵柩运回故乡。历代官私文献表彰过许多历尽艰难从远方觅得父祖遗骨归葬的孝子，而帮助他人归葬则被看作是一种义举。

在族坟墓制度下，人们不能选择墓地，所以有"古者葬不择地"之说。后世虽然仍多族葬，但与上古的族坟墓有所不同，在土地私有的前提下，葬地可由各个家族或家庭自行选定。成书于战国晚期的《孝经》已经提到"卜其宅兆而安厝（cuò）之"，意谓应先停柩待葬，卜问一下葬地是否合适。早先选择墓地，无非是为了更长久地保护尸体，尽可能地避免水灌虫食之灾。

大志出仕

见贤思齐焉,见不贤而内自省也。

——孔子

问礼于老聃

中国的古礼，父母死亡后，做子女的必须守丧。服丧期间，不能担任公职，生活上力求节制刻苦，不能饮宴作乐，以示哀悼。

在孔子担任司职期间，他手下有一个刁猾属员名叫景和，竟敢瞒着上司，暗中舞弊，接受贿赂。事后虽然被发觉而予以处分，但这件事却使得孔子感慨万千。他曾叹息着："正人易

孔子推崇备至的周公

欺，我不想做官了。"

孔子在服丧期间，仍不断地钻研学问，并向郯子学官制，又曾习射于矍相（今山东曲阜城内阙里之西），而慕名前来向他请教的弟子也越来越多。

孔子最景仰的人就是周武王的弟弟周公。周公名旦，周朝的文化大半是周公所创，他后被封于鲁，是鲁国开国先祖。

周公本来可以回到自己的封地鲁国，但是因为武王驾崩时，继位的孩子成王，年纪还小，周公不得不以叔父的身份辅佐他。因为这个缘故，周公就让自己的孩子伯禽去治理封地。

伯禽动身去鲁国的时候，周公训勉他说："成王的年纪太小，我这个做叔父的有责任要辅助他。以我的身份、地位来说，无人能及，但是我仍得小心翼翼，在言行上尤其要注意，以免开罪贤士们而受他们的非议。当我正在洗头的时候，如果仆人通报说有客人来访，我就得立刻匆匆忙忙地擦干了头发，赶紧出去接见。有时候，正在吃饭，听说有人求见，我就得把刚送进嘴里的东西吐出来，马上去招呼他们。在事后，我仍然要仔细检讨，在言行上有没有什么不妥的地方，或是招待不周。

"今后，你回到鲁国去掌理国政，处处得谨慎小心，千万别以为身为国君，就骄纵放肆、狂傲悖理。你要礼贤下士，善待百姓才好。"

孔子对周公可说是敬慕、佩服之至，有关周公制定的礼仪、周公的著述等等，孔子无不尽心研究。孔子在年轻的时候，就经常梦见周公，可见他对周公的仰慕之情有多深。

孔子在服丧期满以后，已经是接近"三十而立"的中年人了。有一天，他对敬叔说："我自幼就对周公极为仰慕，很想到周京（周武王开国时，以陕西长安作为京城。周平王的时候，为了避犬戎之乱，把京城迁到了河南的洛阳。这里孔子所指即是洛阳）去参观先王的遗制，并考察礼乐的源流。同时想顺便寻访老聃（即老子）。听说老聃博古通今，深晓道德的精义、礼乐的奥旨，足可当我们的师表。不知道你愿不愿意同行?"

　　当时的规定,一般人民是不准擅自离开国境的,因为国势的强弱与人民的多寡有关。人民众多,则劳动力多,生产就会增加,一旦遇到战争,兵源也不虞匮乏。基于这个原因,孔子才会把前往周京的意愿向敬叔吐露,并邀约他同行。

　　现在我们来叙述一下敬叔和孔子的关系。当时鲁国有三大公族,孟氏是其中之一。孟氏公族中的孟僖子曾追随鲁昭公左右,颇受宠信。孟僖子临终之前吩咐他的两个孩子孟懿子和南宫敬叔说:"孔子的年龄虽然不大,但他的学识和品德足以为人师表,你们要礼敬他,常常去向他请教,对你们一定有很大的益处。你们要牢牢地记住我的话。"

　　由于这一层关系,所以身为贵族的孟氏兄弟对孔子待之以师礼。而孔子也认为敬叔、孟懿子都是贤士,因此常常相约偕游,尤其是和敬叔之间的感情,更是日益深厚。

　　敬叔听孔子这么一说,立刻欣然同意,但是出国的事必须先禀明鲁君才行。

　　鲁君素知敬叔是个贤臣,孔子又是一个勤勉好学的贤士,对于他们准备出国游历的事欣然同意,并且颁赐马两匹、车一乘以壮行色。

　　从鲁国到洛阳,虽然只有几百里的路程,但是古代的交通不像现在那么便利,大多是靠步行。孔子他们虽然荣获鲁君颁赠车辆,但是,当年的车辆构造非常简单,在崎岖不平的道路上行走依然十分辛苦。孔子一行,在经过不少时日的颠簸后,终于抵达了洛阳。

　　洛阳是周朝的首都所在地,由于周朝已日渐衰微,所以洛阳已不若往日的繁华。不过,一切文物、典章依然存在,因为中国的文化发源于黄河流域,洛阳毕竟是一个文化中心,而且历史悠久,保存着极为丰富的文化宝藏,许多的学者、乐师等也都汇集在这里。

知识链接

儒家先圣——周公

周公，姓姬，名旦，亦称叔旦，西周时期的政治家、军事家、思想家、教育家，被尊为"元圣"，儒学先驱。周文王的第四子，周武王的同母弟。因采邑在周，称为周公。武王死后，其子成王年幼，由他摄政当国。武王死后又平定"三监"叛乱，大行封建，营建东都，制礼作乐，还政成王，在巩固和发展周王朝的统治上起了关键性的作用，对中国历史的发展产生了深远影响。周公在当时不仅是卓越的政治家、军事家，而且还是个多才多艺术的诗人、学者。其兄弟管叔、蔡叔和霍叔等人勾结商纣子武庚及东方夷族反叛。他奉命出师，三年后平叛，并将势力扩展至海。后建成周洛邑，作为东都。

相传周公制礼作乐，建立典章制度，在儒家文化中享有崇高的地位，是孔子最敬幕的古代圣人，《论语》中子曰："甚矣吾衰也！久矣吾不复梦见周公。"被尊为儒学奠基人。周公言论见于《尚书》诸篇。

孔子和敬叔到达洛阳后，看到巍峨的建筑、宽阔的马路，这是他们从未见过的。当他们在旅店安顿下来以后，就迫不及待地到各处去参观。他们去瞻仰的地方，如同今天的图书馆和博物馆等，里面陈列着各种典籍。当年还没纸张，因此没有所谓的书本，只是把文字刻在竹简上，将一片片竹简连缀成册，其中包括历史的记录，有医药、天文、农耕等等，数量之多令人惊讶。

最使他们印象深刻的是"明堂"的建筑。所谓"明堂"是周王在位时接见各国诸侯的地方，这座建筑真是宏伟异常，在正殿的四周墙壁上，绘有古圣天子尧、舜的画像，也有暴君桀、纣的画像。他们的仁政及暴政都记录在上面，目的是让后人有所借鉴。

在正殿中央的墙壁上，绘有周公辅助年幼的成王接受诸侯朝

青铜鼎

拜的情景。由于幼主受到周公的辅佐，施行善政，奠定了王朝的国基。孔子看了以后，不禁肃然起敬，周公的伟大，益发使他感叹不已。

接着，他们又亲眼见到许多先王、周公等圣人遗留的青铜制的鼎、壶，以及祭祀用的各种器皿，雅致庄严。孔子和敬叔一边缅怀古圣先贤的遗迹，一边慨叹着周室的日渐衰微，两人流连徘徊，不忍离去。

第二天，他们又去太祖后稷庙参观，在庙前的石阶上竖立着一个大小和真人相同的金属制的人像，该人像的嘴巴上用三根钉子封着，在人像的背上刻有"古之慎言人也，戒之哉"几个字。

孔子回过头来对敬叔说道："古圣先贤们都以'言不顾行'为耻辱，因此训诫人们要三缄其口，出言必须绝对谨慎，我们应该多体会这句话才行！"

孔子和敬叔在各地参观告一段落以后，就联袂去拜访仰慕已

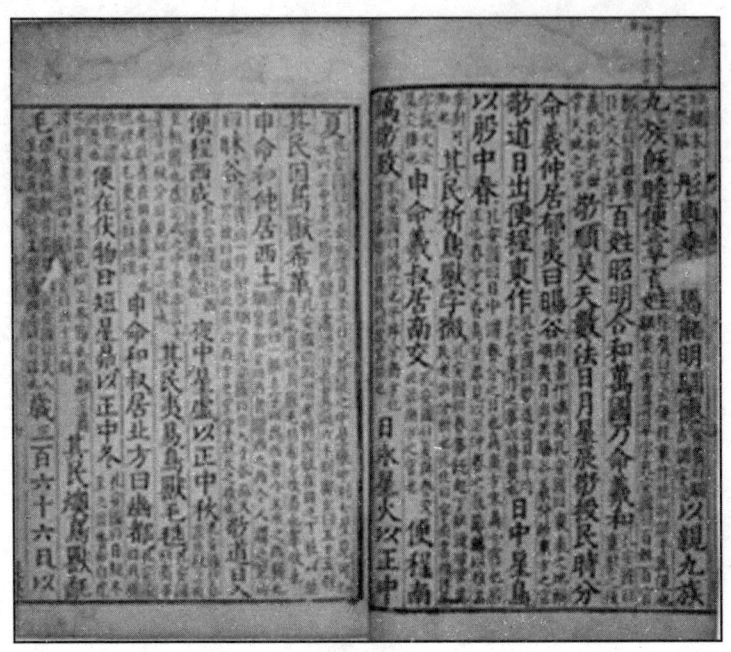

《史 记》

久的老聃。据《史记》上记载，老子是楚国苦县的厉乡曲仁里人，姓李名耳，字伯阳。一名重耳，外字聃。

当时，老子担任保管文物兼任记录历史的吏官，是一位极具名望的大思想家。

资料链接

老 子

老子（西周末年武丁朝庚辰二月二十五日卯时诞生），姓李名耳，字伯阳，楚国苦县（今河南周口鹿邑县）人，是我国古代伟大的哲学家和思想家，道家学派创始人，世界文化名人。老子又名老聃，相传他一生下来就是白眉毛白胡子，所以被称为老子。老子生活在春秋时期，曾在东周国都洛邑（今河南洛阳）任守藏史（相当于现在的国家图书馆馆长）。他博学多才，孔子周游列国时曾到洛阳向老子问礼。

老　子

老子晚年乘青牛西去,并在函谷关(位于今河南灵宝)前写成了五千言的《道德经》(又名《老子》),最后不知所终。

《道德经》含有丰富的辩证法思想,老子哲学与古希腊哲学一起构成了人类哲学的两座高峰,老子也因其深邃的哲学思想而被尊为"中国哲学之父"。老子的思想被庄子所传承,并与儒家和后来的佛家思想一起构成了中国传统思想文化的内核。道教出现后,老子被尊为"太上老君";从《列仙传》开始,老子就被尊为神仙。从汉代起,历代帝王就开始到河南鹿邑去祭拜老子。《道德经》的国外版本有1000多种,是被翻译语言最多的中国书籍。

老子的思想主张是"无为",老子的理想政治境界是"邻国相望,鸡犬之声相闻,民至老死不相往来"。

《老子》以"道"解释宇宙万物的演变,以为"道生一,一生二,二生三,三生万物","道"乃"夫莫之命(命令)而常自然",因而"人法地,地法天,天法道,道法自然"。"道"为客观自然规律,同时又具有"独立而不改,周行而不殆"的永恒意义。《老子》书中包括大量的朴素辩证法观点,如以为一切事物均具有正反两面,"反者道之

动"，并能由对立而转化，"正复为奇，善复为妖"，"祸兮福之所倚，福兮祸之所伏"。又以为世间事物均为"有"与"无"之统一，"有、无相生"，而"无"为基础，"天下万物生于有，有生于无"。"天之道，损有余而补不足，人之道则不然，损不足以奉有馀"；"民之饥，以其上食税之多"；"民之轻死，以其上求生之厚"；"民不畏死，奈何以死惧之？"其学说对中国哲学发展具有深刻影响，其内容主要见《老子》这本书。他的哲学思想和由他创立的道家学派，不但对我国古代思想文化的发展作出了重要贡献，而且对我国两千多年来思想文化的发展，产生了深远的影响。

  孔子那时候才30岁，而老子的年龄却比孔子大了一倍有余。孔子的思想当然较为积极，老子则是消极而厌世的。从他们初次见面时的一段谈话里，就可以看得出来。

  孔子首先以充满自信的口吻，向这位前辈叙述自己的抱负，他说："我看现在的风气一天天地败坏，人人只图利己，不肯行正道，若要扭转这种颓风，除了恢复古圣先贤的礼教外，恐怕没有其他的途径可循了。不知道老前辈的意下如何？"

  孔子这一席话，积极和热情有余，但却不免略显急躁和自负。因为他毕竟是满怀救世襟怀的壮年人，在求知和修养方面，还需要有更宽广的胸襟以及在精神、内涵方面作更深一层的审察。老子虽然较为消极，但他对于人民的疾苦，确实深为同情；对文明的崩坏，也极表关切。

  老子在听完孔子叙述时，不时摇头，表示并不赞许他的意见。当孔子讲完，等待老子的回答时，他却慈祥、诚挚地告诉孔子说："你所说的古圣先贤，早就作古，就连骨头恐怕都已腐朽成灰了，只不过留下一些话而已。你的理想固然没错，可是时代不同了，古人所谓'良贾深藏若无。君子盛德，容貌若愚'，这就是说一个善于经商的生意人，他不会把所有的货品，都摆出来亮相，他只陈列出一小部分，看起来好像存货不多的样子。同样的道理，一个具有良好德性的君子，在外貌上看起来,也好像有点愚鲁。"因此,我奉劝你,千万不可带有骄气或操之过急,否则,徒然白白耗费你的时间和精力而不会有什么结果的。我能告诉你的仅此而已,你自己参酌吧。"

老子的这番训诲,对孔子来说确实获益匪浅。后来,孔子对自己的弟子们说:"我们都知道鸟善飞,鱼善游,兽善走。善走的兽类可以用网罟或兽夹来捉它,善游的鱼儿可以用钓钩来钓捕它,善飞的鸟类可以用弓箭来射它,唯有乘风云而升到天上的龙,却奈何它不得。自从我见到老子以后,我觉得他就像是龙一般的人物。"

但在这次会面中老子和孔子还是关于文化礼仪做了探讨。

尧

老子说:"二位远道前来,以礼、乐和道德之事相询,说来惭愧,我对礼和道德,略知一二,至于乐嘛,自从尧、舜、禹、汤、文武、成康直到现在,古乐和今乐,不知凡几,乐是宴飨时

所必备,我不是乐官,没有深入地研究,不敢随便应付。我有好友名叫苌弘,他的祖先都是历代的乐官,他本人现在就是王朝的乐官长,以后有机会,我可以为你们引见,你们可以直接向他请教。"

孔子拱手作礼道:"多谢前辈的指点。敢问现今的礼,何以不及古礼?"

老子微微叹了口气,说道:"周公辅佐成王所制定的古礼,在西周隆盛时,上下遵守,无敢不从。自从东周以来,王室衰微,以致诸侯争霸,各自称雄,古礼日渐泯没,如今已不堪闻问了,令人兴叹!"

孔子继续问道:"我们对于各种的礼制,未经名师指导,不能融会贯通,还请夫子指点一二。"

"讲到礼制的问题,关系可真大得很呢。从前的禹、汤、文、武、成王、周公都是在位时秉礼,所以治道隆盛;而幽王、厉王由于在位时不能秉礼,以致遭殃。由此看来,礼制关系到一个国家的治乱兴衰,怎能不加以警惕?"

"古代的圣王承天道以治人情,奉鬼神以设教,故而制定了郊社(祭天地)、禘尝(禘是祭的意思,春曰礿、夏曰禘、秋曰尝、冬曰烝)、馈奠(祭神的献物)、射飨、食飨等等礼制。"

孔子不解地询问说:"何以鲁国不行郊礼?"

老子告诉他说:"鲁国遵奉周公遗制,照例冬至是不举行郊祭礼的。"

"请问郊社的意义是什么?"孔子接着问。

"简单说来,郊祭天,社祭地。若要详细叙述,却很复杂。古代帝王的郊祭,乃是祀祖以配天,因为天生万物,至于人,是本乎祖。郊祭的意思是报本反始,所以配上天,必定在冬至一阳生日举行。"

"郊祭是在冬至月、上辛日;社祭则行之于惊蛰月份,目的是祈祷农事丰收,称大郊祭,选定于南郊筑坛,名为"圜丘",另外还有天坛、泰坛等别名。至于所用的牲畜,郊祭用的牛,

爵

必须先豢养3个月；而社祭后稷所用的牛，临时找一条来就可以了，这也就表示祭祀天神与人鬼有所不同。 在举行祭祀以前，必须先把圜丘整理得清洁整齐，祭祀的器皿是用陶匏，郊礼是用象天数，社礼是用象地数，这些是天子的祭礼，一般诸侯是不能僭用的。"

"天子举行郊祭，必须先行卜郊礼，要先到祖庙去祝告受命，其次是告弥宫（亲庙）以做成卜占休咎的龟甲，这是为了表示尊敬祖先的意思。"

"卜筮的那一天，天子要亲立于泽宫（习射的地方），接受卜官缮正的祭天誓命。 卜礼完毕后，供献誓命于库门，并命令百官都要先行斋戒，以示慎重。"

"郊祭的当天，穿凶服（送死者衣服）的不敢进入国门，遇有丧事的亦不准哭。 途经的道路必须先打扫清洁，闲杂人等不许随便走动。 天子则身披大裘，乘坐没有华饰的素车，前面有十二面绣着龙章日月的旌旗作为前导，这是象天文的意思，抵达泰坛后就下车，换上祭天的衮服，头戴十二旒的平天冠，这是象天数的意思。然后是献爵（爵是饮酒器，金属制，有三只脚）上首，燔柴（积薪于坛上，取玉及牲置柴上烧之）读祝祷文。"

"郊、社礼是敬祀上帝神明，禘尝礼是敬祀昭穆祖先，始自虞舜，馈奠礼是敬死丧；射飨礼是敬乡党；食飨礼是敬宾客，不可混淆。"

孔子曾请教郯子

孔子又再请教说："以前我在家乡的时候，曾听郯子说过：'居家有礼则长幼分、闺门有礼则三族和、朝廷有礼则官爵尊、田猎有礼则戎事闲、军旅有礼则武功成。'如果这五样统统无礼，将会怎么样呢？"

知识链接

郯 子

郯子（生卒年月不详），已姓，子爵，春秋时期郯国国君。约公元前11世纪，少昊（姓己，名挚，字青阳，建都穷桑，故号为穷桑氏，也称金天氏）后裔中的炎族首领就封于炎地，称炎国。炎，古音亦读谈，春秋前后，国名多加"邑"字，从而炎国演化为郯国。

公元前770年~公元前476年，周王室渐趋衰败，诸侯大国之间相互争战侵吞，天下动乱。郯国，虽是区区小国却颇有名气，这其中主要原因是国君郯子的政绩、才华和仁孝之德，赢得了人心。

郯子治郯讲道德、施仁义、恩威有加，百姓心悦诚服，使郯地文化发达，民风淳厚，一些典章制度都继续保持下来，对后世的影响十分深远。

郯子的才华，问官一事即可证明。鲁昭公十七年（公元前525年）郯子第二次朝鲁时，鲁昭公盛宴款待。席间，鲁大夫叔孙昭子问起远古帝王少昊氏以鸟名官之事。郯子数典述祖侃侃而谈。他说："少昊是我们的高祖，我知道这是什么道理。从前黄帝以云来记事，因此他的百官都以云命名；炎帝以火来记事，因此他的百官都以火命名；共工氏以水记事，他的百官都以水命名；太昊氏以龙记事，他的百官都以龙命名。我的高祖少昊挚即位的时候，恰遇凤鸟飞来，因此便以鸟记事，他的百官也以鸟命名。如凤鸟氏掌管历法。所说凤鸟氏，就是历正。凤凰是吉祥的神鸟，它一出现天下就和平安定，它是知道天时的。历正是主管历数正天时的官，故叫凤鸟氏；玄鸟氏掌管春分、秋分。玄鸟即燕子，它们春分飞来，秋分离去，故名掌管春分和秋分的官为玄鸟氏；伯赵氏掌管夏至、冬至。伯赵就是伯劳鸟，它夏至开始鸣叫，冬至停止，故官职以它命名；青鸟氏掌管立春、立夏。青鸟就是鸧鹒，它在立春开始鸣叫，立夏停止，故这个官职以它命名；丹鸟氏掌管立秋、立冬。丹鸟即雉，它立秋来，立冬离去，故以它命名。以上这四种鸟都是凤鸟氏的属官。祝鸠氏就是司徒。祝鸠非常

孝顺，故以它命名主管教育。从颛顼之后，因为无法记录远古时代的事情，就从近古时代开始记录。作为管理百姓的官职，就只能以百姓的事情来命名，而不像从前那样以龙、鸟命名了。"

满座人无不佩服郯子的学识。学识渊博的孔子当时27岁，在鲁国做个小官，他听说了郯子这番话之后，就前去拜见郯子，向其求教，"见于郯子而学之"。韩愈《师说》中"孔子师郯子"这句即出于此。至今保存在曲阜孔庙内的《圣迹图》内有一幅插图叫《学于郯子》，讲的就是"孔子师郯子"的故事。孔子"问官"之后，不久就告诉别人说："我听说'天子那里推动了古代官制，但有关古代官制的学问都保存在四方的蛮夷小国'，这话很对。""问官"这个与郯国有关的历史典故，2500多年来一直为人们所珍视，至今仍是研究古代官制形成和远古民族演变的重要资料。

郯子的仁孝之德，历来为海内外称道。在我国历史上传颂不衰的"二十四孝"中，郯子"鹿乳奉亲"的美德一直被视为楷模。《增订绘图孝经白话句解》卷首《二十四孝图》第五幅中载："周郯子，性至孝。父母年老，俱患双眼，思食鹿乳。郯子顺承亲意，乃衣鹿皮，去深山，入鹿群之中，取鹿乳以供亲。猎者见欲射之，郯子具以情告，乃免。"《二十四孝》是元郭居敬编撰的一部宣扬封建孝道的书。此书集历史上二十四个人物的"孝行"编成，这些印本绘上了图画，通称《二十四孝图》。

《二十四孝图》由于封建统治者的宣扬，在民间广为普及。因此，历代统治者视郯子为德、才、威、雅的化身。

使郯国名声大噪的还有一件事。孔子周游列国时到郯国，在城北十里铺遇到晋国的学者程琰本，"倾盖而语，终日甚亲"，两人的车盖都倾斜了。谈论礼乐诗歌难舍难分，一直到桑树影子移动了位置，最后赠送绢帛表示情谊，为离别而悲伤。据《孔子家语》记载：孔子与程子临别时，谓子路曰："取束帛以送先生。"孔子来郯时曾登郯城东南三十里之马陵山峰望海。后人为纪念孔子来郯，在城北十里铺建一"倾盖亭"；称其所登山峰为"孔望山"，峰顶石楼为"望海楼"，列为古郯八景之一。

郯子死后，后人建郯子庙、郯子墓、问官祠聊以凭吊。据有关资料载，当时郯子庙中塑有"三圣"、"四贤"像，其中"三圣"像为孔子、老子、郯子。人们对郯子的崇拜之情由此可见。 郯子庙为历代文人墨客所礼拜，不少人前来游览瞻仰，留下很多脍炙人口的诗文。 在郯子庙大殿前精雕石柱上的楹联："居郯子故墉纵千载犹沾帝德，近圣人倾盖虽万年如座春风"，至今仍为人们咏颂。

老子回答道："若是居家时长幼不分、闺门亲族失和，朝廷中官爵失序、田猎失策、军旅失势、宫室失度、鼎俎失象、百官失体、政事失勤、动静失宜的话，就如同瞎子没有人搀扶，胡乱瞎闯，又好比一个人在昏暗中摸索，会弄得进退失据，手足不知所措，那可危险得很哩！"

老子知道孔子是一个虚心求知的年轻学者，因此，对于他的发问，无不一一不厌其详地予以阐释，可谓知无不言，言无不尽。 当孔子向他辞行的时候，老子又语重心长地对他说了下面一番话，他说："大凡有钱人为别人送行时，多半是赠送钱财；有道德学问的人为别人送行时，则赠他几句话。 我不是一个富裕的有钱人，只不过徒负一些学问、道德的虚名而已，姑且就以几句话作为临别赠言吧。 我们第一次见面的时候，我不是曾经跟你说过？古人已经死了，连尸骨都已腐朽成灰，他们遗留下来的，只是几句话而已。 我知道你一直在钻研古人的东西，希望你切勿一味地死守着那些话，应该加以活用，因为时代不同，情况有异，我想你也许懂得这层道理的。"

"此外，世间有很多聪明才智之士，他们能洞察别人的肺腑，却往往招来杀身之祸，这是因为他们喜欢评论别人的是非，好管闲事的缘故；又有一些滔滔雄辩、头脑灵活的人，他们也会惹来烦恼，甚至难以保身，这是为什么呢？因为他们喜欢谈论别人的长短，揭发他人的隐私所致。"

"所以，在家的时候，要尽量养生孝亲；出来做官的时候，要尽忠职守，施行仁政，善待百姓。 对于君主的诤言，能采纳当然最好；如果不被采纳，那就算了。 听则仕，不听则退。 我所要说的，也就是这些了。"

孔子感激莫名地稽首作别，他说："承蒙夫子指教，我当铭记在心，终身不忘。"

学乐于苌弘

孔子和敬叔依照老子的指示，来到苌弘的处所，直接登门造访，并告以老子介绍的经过。门人进去通报后不久，苌弘立刻亲自出迎，延请两人入内。

宾主坐定，经过一番寒暄，孔子首先把乐的问题提出来向他请教。

苌弘谦逊地笑着说："我自忖才疏学浅，如果有问无答，岂不是当场出丑？"

"哪儿的话，我们久慕大名，何必客气？乐府浩如烟海，先生博大精通，还请不吝赐教。"

"那只有就我所知，为二位略作阐述了。"

孔子神色庄重、态度诚恳地请教说："武乐的意旨深奥，我很愚鲁，不明其究竟，请问，'武之备，戒之久矣'这句话是什么意思？"

苌弘答道："武王深恐士众不能持久敬服他，因此，作此乐歌以警诫大众。"

孔子又问："所谓'发扬蹈厉之已蚤（通早）'是什么意思？"

苌弘答道："这是说，凡事要不先不后，到适当的时候才去做的意思。"

孔子："那么'声淫及商'又是什么意思？"

苌弘答道："这一句话不是武音。"

孔子："我再请问，'迟矣而又，久立于缀'是什么意思？"

苌弘答道："这两句话需要多加一番解释。所谓武乐都是表彰周灭殷纣的功绩，前面一句'迟矣而又'是说灭纣成功的迟缓；后面一句'久立于缀'是说武王统率大军如同高山一般屹立不动，而会合诸侯于孟津。"

"武乐共计有'六成'：初成出兵伐纣；再成灭商；三成开国；四成南国诸侯蹄附；五成分陕而治；六成歌颂天子。这是武乐之大成。"

孔子："武乐与韶乐，哪一种比较好？"

苌弘答道："武是武王的乐名，韶是虞舜的乐名。若以他们两人的功业而论，舜是继尧之后治理国事，武王则伐纣以救民，可以说无分彼此。

"不过，就乐论乐，韶乐的声容宏盛，字义尽美；武乐的声容虽美，但歌调较为晦涩，稍逊于韶乐。

"总体来说，武乐尽美却不尽善，唯有韶乐可称得上尽善尽

成 汤

美。"

这一番理论，是孔子他们前所未闻的，因此喜不自胜，向苌弘深深地作礼道别。

"事后，苌弘在别人面前夸赞孔子说："从鲁国来的孔子，生得一副异相，他河目（目眶上下平而长）隆颡（额头突出），很像黄帝；修肱（臂长）龟背（曲背像龟），而且身长九尺六寸（约合现在的六尺二三寸）很像成汤。他言谈之间，总是称颂先王、赞扬古人，而且他的态度谦逊，博学多能，简直是无所不识，无所不通，他具有圣人的仪表，可说是圣人再世。"

★★★★★★★★★★
知识链接
★★★★★★★★★★

苌　弘

苌弘（公元前575年—公元前492年），字叙，东周蜀人（今资阳市雁江区），周代著名学者、政治家、通晓天文、历法，精于音律、乐理。今资中县发轮乡龙水村有"苌弘祠"、"苌弘读书台"遗址。据《史记·封禅书》记载："苌弘以方事周灵王"。《天官书》言天数者称"周室史苌弘"，至周景王时仍任大夫，常应对星象吉凶征兆之事。周敬王即位（公元前519），参谋迁都畏佐兴邦有功，升任内史大夫，执掌朝政，在晋国的"六卿之乱"中，苌弘因帮助范氏和中行氏，二十八年（公元前492年），赵简子派晋大夫叔向施反间计，周敬王信谗杀苌弘，世传蜀人藏其血，3年后化为碧玉。

周敬王二十四至二十五年间（公元前496—公元前495年）孔丘访苌弘，请教和探讨音乐与天文知识。孔子并于次年前往齐国聆听了韶乐的演奏，乐得手舞足蹈，如醉如痴，"三月不知肉味"。孔子与苌弘的会晤，史称"访弘问乐"。其六艺（礼、乐、书、诗、易、春秋）中"乐以发和"思想即源于苌弘的乐学理论。

鲁乱去齐

孔子和敬叔在洛阳游学，本想多逗留一些时日，以便有更充裕的时间去研究周代的文物、遗风，以及有更多的机会去向那些学者专家们请教。怎奈他们离国的时候，就已经看出三桓（鲁国的大夫孟孙、叔孙、季孙都出自鲁桓公，故称三桓）各自培植私党，跋扈弄权，彼此明争暗斗，鲁君的势力早就衰落不振，国势岌岌可危。这使他们忧心忡忡，仅仅在洛阳逗留了不到1年，就束装回国了。

当年能够到周京去的，除了君王的使者或商贾人士以外，就极少有人能有这样的机会，至于专程去游学的，更是绝无仅有。孔子偕同敬叔赴洛阳游学，曾经受到鲁昭公颁赐车马的殊荣，此次回国，当然得到君主那里去复命。

鲁昭公见到这位年轻的学者仪态出众，神色庄严，询及游学的经过及心得时，孔子应对得体，对其赞赏不已。从此他不仅是乡里的学者，更是名满全国的大学者，因此慕名前来求教的弟子日益增多。弟子中，固然平民居多，但贵族阶级亦不少，不论是贵贱贫富，孔子一概接纳。他的宗旨是"有教无类"。

据说孔子的弟子，总共有3000人之多，这是指他一生中所收的弟子的总数而言。事实上，以当时的情形，一个私人学塾不可能具有像今天学校这样的规模。

这时候的鲁国内部，由于三桓专横，各自扩充实力，鲁国的国君已形同傀儡。三桓中最跋扈的，以季孙氏的季平子为最。举一件事实，可见一斑。

季孙氏曾在自己的庭院里举行八佾舞，这原是天子专用的礼乐，季平子竟敢僭用，其骄横大胆，可想而知。孔子为了这件事，曾感叹地说："是可忍也，孰不可忍也！"

知识链接

八佾舞

八佾舞于庭，语出《论语·八佾篇》。八佾是奏乐舞蹈的行列，也是表示社会地位的乐舞等级、规格。一佾指一列八人，八佾就是八列六十四人。按周礼规定，只有天子才能用八佾，诸侯用六佾，卿大夫用四佾，士用二佾。季氏是正卿，只能用四佾，他却用八佾。孔子对于这种破坏周礼等级的僭越行为极为不满，因此，在议论季氏时说："在他的家庙的庭院里用八佾奏乐舞蹈，对这样的事情也能够容忍，还有什么事情不能够容忍呢！"

留传至今的八佾舞

周礼规定的等级制度是为了稳定社会，也确实稳定了数百年之久。到春秋末期礼崩乐坏的时代，有些有权有势的卿大夫敢于僭越周礼，自行其是，越制享受。这表明周天子已经失去权威性，失去控制诸侯、卿大夫的实际能力。孔子维护周礼，是为了社会稳定，但他维护不了，礼崩乐坏乃大势所趋。孔子以后，社会就进入几百年战乱的战国时期。

季平子的骄狂跋扈，当然会引起别人的嫉妒和怀恨，这些人就常在鲁昭公面前数说季孙氏的罪状，鲁昭公也实在是忍无可忍了，就在这些反对者的怂恿下，决心予以惩罚。

公元前517年的9月，鲁昭公亲自率军前去讨伐，季平子未曾料到有这一招，仓皇间溃败而逃。

三桓中的孟孙氏和叔孙氏，本来对季孙氏的势力日益强大心生嫉妒，但是当他们看到季孙氏即将被击溃

管 仲

时，不免有狐死兔悲之感，因此，三桓联合起来对抗朝廷，这么一来，胜败之势不问可知了。

鲁昭公狼狈地带着弟弟和三个公子以及少数亲信逃往邻近的齐国去了。

当时，孔子35岁，他平时教导学生们要"君君臣臣，父父子子"，如今看到君主被国内的权臣所逐，心中十分难过。他一心想让国君重返国门，以恢复政体。于是，他打算到齐国去走一趟，计划在齐国展开他的政治活动。

齐国和鲁国毗邻，也是今在山东省，当时是东方的大国，那里的土地肥沃，物产丰富，而且有渔、盐之利。在齐桓公时代，齐国有一位杰出的政治家管仲，经过他的整顿治理，使得齐国成为春秋时代的一等强国。当时是齐景公当政，他手下的晏

婴也是一位了不起的政治家，以力行节俭而闻名，因此，政局安定，富庶繁荣。

孔子把自己的家属略作一番安排后，就率领颜回、子路等十几名弟子向齐国进发。

中国五岳之一的泰山就位于鲁国与齐国之间。孔子等一行人，路过泰山附近时，看到一位少妇跪在一座坟前，悲悲切切地啼哭，听来非常凄惨。在这个人迹罕至的荒郊野外，一个单身女子在此悲啼，自然引起了孔子的注意。他叫子路前去询问，子路奉命走了过去，以关切而同情的口吻问那妇人说："你有什么伤心事，独自一人在此荒郊野外哭哭啼啼的？这里虎狼出没无常，你不害怕么？"

知识链接

管 仲

管仲（约公元前723年～公元前645年），名夷吾，又名敬仲，字仲，春秋时期齐国著名的政治家、军事家，颍上（今安徽颍上）人。经鲍叔牙力荐，为齐国上卿（即丞相），被称为"春秋第一相"，辅佐齐桓公成为春秋时期的第一霸主。管仲的言论见于《国语·齐语》，另有《管子》一书传世。

管仲注重经济，反对空谈，主张改革增强国力。他说："国多财，则远者来，地辟举，则民留处，仓禀实而知礼节，衣食足而知荣辱。"齐桓公尊管仲为"仲父"，授权让他主持一系列政治和经济改革：在全国划分政区，组织军事编制，设官吏管理；建立选拔人才制度，士经三审选，可为"上卿之赞"（助理）；按土地分等征税，禁止贵族掠夺私产；发展盐铁业，铸造货币，调剂物价。管仲改革的实质，是废除奴隶制，向封建制过渡。管仲改革成效显著，齐国由此国力大振。对外，管仲提出"尊王攘夷"，联合北方邻国，抵抗山戎族南侵。这一外交战略也获得成功。后来孔子感叹说："假如没有管仲，我也要穿异族服装了。"

管仲之所以能相齐成霸,是与鲍叔牙的知才善荐分不开的。管仲晚年曾感动地说:"我与鲍叔牙经商而多取财利,他不认为我贪心;同鲍叔牙谋事,我把事情办糟了,他不认为我愚蠢;我三次从阵地上逃跑,他不认为我胆小怕死;我做官被驱逐,他不认为我不肖;我辅佐公子纠败而被囚忍辱,他不认为我不知羞耻……生我者父母,知我者鲍子也!"

管仲的著作,收入《国语·齐语》和《汉书·艺文志》。《管子》共24卷,85篇,今存76篇,内容极丰,包含道、名、法等家的思想以及天文、地理、经济和农业等方面的知识,其中《轻重》等篇,是古代典籍中不多见的经济文作,对生产、分配、交易、消费、财政等均有论述,是研究我国先秦农业和经济的珍贵资料。

管仲的传记,载于《史记·管晏列传》。

那妇人抬起头来,满怀感激地诉述道:"谢谢你的关怀,前不久,我的公公和我的丈夫都被老虎咬死,没想到,我唯一的儿子,昨天也被老虎咬死了。我已无依无靠,怎不令人伤心?"

说完,又哀痛地泪流不止。子路不免好奇地问道:"既然你的公公和丈夫都曾经被老虎咬死,那你就该搬离这个危险的地方,如此不就可以保住你的儿子了么?"

妇人回答说:"我住的地方虽然常有虎狼出没,可是这里的政治清明,没有贪官污吏来扰

闻过知改的子路

民，所以，我一直不想搬走。"

子路把妇人所说的话，一五一十地向老师报告，孔子慨叹地告诫弟子们说："你们要记住对老百姓来说，暴政比老虎更可怕。你们将来如果出仕为官的话，一定要施行仁政，善待百姓啊！"

孔子一行人继续前进，越过了泰山以后，就抵达齐国的临淄。齐景公早已接到报告，所以就先派人在临淄等候。在5年前，也就是孔子30岁的时候，齐景公和晏婴到鲁国访问时，已经和孔子见过面了。当时齐景公曾经问孔子说："从前的秦国，幅员不大，又地处偏僻，何以能够称霸一方呢？"

孔子恭敬地回道："秦国的幅员虽然不大，可是他们的人民都很有志气，地方虽然偏僻，可是他们的政治清明，立法无私，令出必行。再说，秦穆公礼贤下士，能够任用贤人。就拿百里奚来说，他只不过是一个牧牛的人，秦穆公和他交谈之后，发现了他的才干，就破格拔擢，让他执政。他出任宰相7年，终于使秦国称霸。秦国之所以富强，绝非偶然。"

齐景公听了孔子这番话以后，立即对他刮目相看。此次，鲁昭公出逃到齐国，由于两国存有姻亲的关系，所以，齐景公对鲁昭公非常照顾，现在听说孔子前来齐国，赶紧派大夫高昭子前往

秦穆公

迎接。高昭子是齐国元老高国仲的长孙，当年随同景公访鲁时，就已经和孔子相识，他对孔子礼敬有加，并结为至交。

旧友相逢，倍增亲切，但孔子因国君有难，心事重重。高昭子告诉孔子说，鲁昭公在齐国已有妥善的安置，请他放心，并于当晚为孔子设宴洗尘。

齐景公很快接见了孔子，一开始，齐景公就向孔子询问为政之道，孔子直言不讳地说道："君王要像个君王，臣子要像个臣子；父亲要像个父亲，儿子要像个儿子。各自的地位不可逾越，才能够保持稳定，这是为政的根本。"

孔子这几句话，严正而带有警示的意味，他是针对着时弊而发的。当时的齐国，本来由崔氏和庆氏两家专权揽政，后来两家交恶，崔氏失势了，从此便是庆氏独家专权。没有多久，庆氏内部不争气，发生内讧，却被田氏所取代，从此，齐国的实权就操纵在田氏之手，这种情形就和鲁国的三桓一模一样，齐景公同样是徒具虚名而已。

接着，齐景公又问到，除了以上几点外，还应该注意些什么？孔子说："在于节财。"

这也是针对齐国的奢靡浪费、赋税太重而说的。因为齐国的海岸线很长，物产丰富，盐的产量尤其多，单单是盐的公卖收入就已经很可观了。但是，齐景公仍嫌不足，还要向人民征收重税，弄得人民叫苦连天，怨声四起。

只要能够厉行节约，就可减轻人民的赋税。孔子的这句话含有诤谏、讽刺的意味。齐景公频频夸奖孔子的这一番为政之道，却不知道这正是针对齐国的时弊而发。齐景公到底不是一个能够反省检讨的贤君，孔子对他不免感到有点失望。

当时齐国的宰相是晏婴（晏平仲），他和邻国的子产（公孙侨）、吴国的季子（季札）等被称为三贤。他和高昭子一起到鲁国去的时候，就已经认识了孔子。晏婴与人交往，很够交情，深受人们的尊敬，孔子曾经赞誉说："晏婴与人交，久而敬之。"

晏婴这个人富于机智，口才又好，只是他的身材矮小，不足六尺（古代的尺较现在为小，论他的高度，大概只有孔子的一半）。他曾经被派出使到楚国去，楚国看他生得矮小，故意要羞辱他，当他抵达楚国的京都时，楚国故意把城门紧闭，在旁边另外开了一个容狗出入的小门，要叫晏婴钻过去。

晏婴不慌不忙地说道："如果你们承认楚国是狗国，那我当然从狗洞出入。"

对方一听，此人身材虽矮，却机警厉害，不可小看了他，于是赶忙打开大门，把他迎进去。

当他会见楚王时，他那滔滔雄辩的利嘴，使得举座皆惊。众人对他深深佩服不已，再也不敢小看他了。

就是因为齐国有高昭子和晏婴这两位老朋友，所以孔子才会到齐国来，并希望能够在齐国发挥自己的政治抱负，并协助鲁昭公返国，恢复过去的秩序。

因为齐国的现状让孔子失望，而另外一件事也让孔子不能在

晏 子

这个国家呆下去了，那就是老友晏婴对他的嫉妒和排挤。

政治是现实而残酷的。晏婴固然是机智而富辩才，但就学问、才德来说，他自知远不如孔子。他看到高昭子一再地在齐景公面前夸奖孔子，深恐齐景公重用孔子而冷落了自己，心中不免起了妒意，因此常常在齐景公那里批评孔子。

晏婴是一位非常节俭的人，一件狐裘居然穿了30年之久，其俭朴可想而知。他对孔子的批评倒也不完全是无的放矢、故意构谄，听起来似乎头头是道，言之成理。他说："孔子一味地拘泥于古法，处处讲求一个'礼'字，例如，丧葬时主张铺张，厚葬，这简直是浪费。他更崇尚礼乐，认为唯有如此，才能恢复到周公时代那种理想的社会。其实，这些只是不切实际的空谈和幻想，绝对难以实现，徒然增加困扰。"

孔子当然也能体会到他当时的处境，知道自己在齐国是无所作为了。虽然齐景公对他仍然很赏识，但也不能让他拥有施展抱负的权力了。

齐景公慨叹地说："我已年迈，欲振乏力，实在是爱莫能助！"

但在齐国也不能说一无所获，他收获了高昭子的友谊。

而且在齐国孔子见到了当时的贤人季札，并与其研讨礼乐。吴国派季札到齐国报聘，高昭子曾替他们引见，孔子向他请教韶乐方面的事。孔子说："我到齐国以后，亲自听到韶乐的演奏，确实优美无比、尽善尽美。可是，有一件事，我始终深感不解，务请指教。"

季札道："不敢当，只要是我懂得的，一定知无不言，言无不尽，请说吧。"

"请问，韶乐在前，武乐在后，武王为什么不仿效韶乐，却偏偏制作那种声容不大、歌意晦涩的武乐呢？"

"这是由于他们的处境不同所致。当年唐尧把自己的女儿嫁给舜，后来又把天下禅让给他。所以舜一直是处于顺境，他发明五弦琴，制作《南风歌》，不仅声容宏大，而且歌中充满快乐，后人听了韶乐，就能想象出他盛德化民，如同泉水般地潺潺而流。

至于武王呢，他出兵伐纣时，军中带着文王的木主（牌位），在行军途中，孤竹君的两个儿子伯夷、叔齐拦马谏诤说，做臣子的不可以伐君。他们的意思是，不希望武王建立逆理的功业。纣的暴虐无道，固然可恨，但是武王仍然脱不了以臣伐君的批评。

在武王来说，他当时是处于逆境，在这种情况下，作乐记功时，就不便过分张扬自己的功德及描述殷纣的罪恶，因而变成吞吞吐吐、曲折难解，令人感到晦涩的武乐了。"

宋襄公

资料链接

齐桓公

春秋时齐国国君（前685年～前643年），姜姓，名小白。在其兄齐襄公被杀后，由莒回国即位。任用管仲改革，选贤任能，加强武备，发展生产。号召"尊王攘夷"，助燕败北戎，援救邢、卫，阻止狄族进攻中原，国力强盛。联合中原各国攻楚之盟国蔡，与楚在召陵（今河南郾城东北）会盟。又安定周朝王室内乱，多次会盟诸侯，成为春秋五霸之首。

晏　婴

　　晏平仲，名婴，是齐国莱地夷维人。他辅佐了齐灵公、齐庄公、齐景公三代国君，由于节约俭朴又努力工作，在齐国受到人们的尊重。他做了齐国宰相，食不兼味，妻妾不穿丝绸衣服。在朝廷上，国君说话涉及他，就正直地陈述自己的意见；国君的话不涉及他，就正直地去办事。国君能行正道，就顺着他的命令去做；不能行正道时，就对命令斟酌着去办。因此，他在齐灵公、齐庄公、齐景公三代，名声显扬于各国诸侯。

　　下面两则故事最能体现晏子爱才、尊才的品格。

　　越石父是个贤才，正在囚禁之中。晏子外出，在路上遇到他，就把他赎出来，用车拉回家。晏子没有向越石父告辞，就走进内室，过了好久没出来。越石父就请求与晏子绝交。晏子大吃一惊，匆忙整理好衣帽道歉说："我即使说不上善良宽厚，也总算帮助您从困境中解脱出来，您为什么这么快就要求绝交呢？"越石父说："不是这样的，我听说君子在不了解自己的人那里受到委屈而在了解自己的人面前意志就会得到伸张。当我在囚禁之中，那些人不了解我。你既然已受到感动而醒悟，把我赎买出来，这就是了解我；了解我却不能以礼相待，还不如在囚禁之中。"闻言，晏子立即请他进屋并待为贵宾。

　　晏子做齐国宰相时，一次坐车外出，车夫的妻子从门缝里偷偷地看她的丈夫。她丈夫替宰相驾车，头上遮着大伞，挥动着鞭子赶着四匹马，神气十足，洋洋得意。不久回到家里，妻子就要求离婚，车夫问她离婚的原因，妻子说："晏子身高不过六尺，却做了宰相，名声在各国显扬，我看他外出，志向思想都非常深沉，常有那种甘居人下的态度。现在你身高八尺，才不过做人家的车夫，看你的神态，却自以为挺满足，因此我要求和你离婚。"从此以后，车夫就变得谦虚恭谨起来。

　　晏子发现了他的变化，感到很奇怪，就问他为什么有此变化，车夫如实相告。晏子就推荐他做了大夫。

伯　夷

　　伯夷为商末孤竹君之长子，姓墨胎。起初，孤竹君欲以次子叔齐为继承人，及父卒，叔齐让位于伯夷。伯夷以为逆父命，遂逃之，而叔齐亦不肯立，亦逃之。后来二人听说西伯昌善养老人，尽往归焉。及至，正值西伯卒，武王兴兵伐纣，二人叩马而谏，说："父死不葬，爱及干戈，可谓孝乎？以臣弑君，可谓仁乎？"武王手下欲动武，被姜太公制止，说："此义人也"，扶而去之。后来武王克商后，天下宗周，而伯夷、叔齐耻食周粟，逃隐于首阳山，采集野菜而食之，及饿将死，作歌。其辞曰："登彼西山兮，采其薇矣。以暴易暴兮，不知其非矣。神农、虞、夏忽焉没兮，我安适归矣？于嗟徂兮，命之衰矣！"遂饿死于首阳山。

乐育英才

孔子出国去齐国时是35岁，去国两年，鲁国国内的政局依然一团糟，三桓中仍以季孙氏的势力最大。孔子只好把自己的时间、精力用以教育下一代的青年，慕名前来求学的愈来愈多。

光阴荏苒，又过了五年，也就是孔子42岁的时候，流亡在齐国的鲁昭公崩逝。在鲁国国内，名义上是鲁定公继位，但实权完全操纵在季平子之手。

不久，季平子也病逝了，由季桓子继承，仍然掌握大权。

季桓子的家臣中，势力较大的有阳虎、公山不狃、仲梁怀等人，彼此明争暗斗，最后是阳虎得势。阳虎是一位足智多谋的军人，他主张暴力改革，后来竟连季桓子都加以囚禁，由自己专揽国政，俨然以新兴领袖自居。

在当时，各国的诸侯、卿大夫以至一些家臣们，强凌弱、大吞小的现象已经蔚成风气，不足为奇了。但是这种离经叛道的做法，孔子看在眼里痛在心里。

阳虎看到孔子的声誉日隆，很想巴结他，以壮大自己的声势。可是，孔子不齿于阳虎的为人，根本不愿加以理睬。

阳虎想到一个妙法，他准备派人送一头猪去给孔子，又怕被他当面退回，而没有面子。于是他打听到有一天孔子出门了，才赶紧派人把那头猪送过去。

依照当时的礼节，大臣馈赠礼物给一位地位稍低的士人，如果受赠者当时不在家，应该在回家后到赠礼的人家去专诚致谢。阳虎心想，这下子，孔子就没法再回避了吧。

孔子为了这件事，倒也颇伤脑筋，但不久，他想出了同样的妙计。孔子也是打听到阳虎不在家时，前往致谢。偏偏事有凑巧，就在孔子高高兴兴回家的途中，却和阳虎碰个正着，要回避已来不及了，于是道谢一声，准备掉头就走，不成想却被阳虎一把拉住。他语意诚恳地说："多次想向您请教，一直苦无机会，今天难得相逢，务请到舍下小叙。"

孔子难以推辞，只好随他同去，一道进入阳虎的宅邸。宾主坐定后，阳虎开门见山地问道："久仰您是满腹经纶的学者，胸怀治国的韬略，如今眼看着国家如此地混乱，却不愿挺身出来匡救，这算得上是仁么？"

孔子肯定地回道："不能算作仁。"

阳虎又进一步追问说："本来希望一展抱负，却屡次错过机会，这能算得上智么？"

"不能。"孔子坦诚地说。

阳虎继续说道："光阴如白驹过隙，时不待我，怎可一天天地蹉跎下去？"

孔子感叹地说："我并不是不想出来做事，如有机会，我会出仕的。"

孔子并非是不想做一番事业，只是他不齿阳虎的为人，不愿意在阳虎手下做官而已。阳虎这么一位赳赳武夫，虽然没有什么大学问，但却聪敏、机智，他向孔子提出来的三点，无懈可击，还真把孔子给难住了。

就在孔子想出仕而未出仕的这段期间，阳虎联合了公山不狃计划要谋害季桓子，结果，计未得逞，反被季桓子联合了孟孙氏的势力把阳虎击败。阳虎只是保得一命，逃往齐国去了。而公山不狃则困守在费城（山东的费县），仍企图继续反抗。

公山不狃曾经派遣专使前来敦请孔子，孔子似乎也有这个意思想去费城一展抱负。他的学生们听到这件事，都纷纷反对，尤其是一向性格爽直的子路，更是气愤。他说："老师常常教我们说，'君君臣臣，父父子子'，季氏犯上、专横，以致桓公出奔齐国，现在的公山不狃，还不是同样地犯上作乱，您为什么要去帮助这种臣不臣的人？"

时势是随时都在改变的，在那个时代，像阳虎和公山不狃的行为，早就不足为奇，而且是司空见惯的了。后来不也是演变为秦灭六国，并合诸侯而统一天下么？也许孔子已经知道大势所趋，为了实现自己的理想，对于现实环境所采用的手腕、步骤等

恺悌君子——子张

都视为次要了。

基于这个观点，孔子向学生们解释说："只要公山氏能够接受我的意见，好好地治理地方，切切实实为百姓做事，我认为任何地方都是去得的。当年周文王邑于丰（陕西省的鄠县）、武王邑镐（陕西省长安）。他们分别以那么小小的地方作根据地统一了北中国。我们又何尝不能在费城有一番作为呢？"

不过，后来经过一番衡量，孔子并没有前往费城，究竟是什么原因，已无从查考。

既然在政治上暂时无法施展自己的抱负，孔子只好把全副精力放在培育人才的教育事业上。

人，虽然有智、愚及贤、不肖的差别，这只是教育上的问题。孔子经过长期的观察后，发现人除了外在的血肉之躯及欲望外，还有内在的生命根源，它是一种无限深广的道德理性，可以由高度的反省及自觉，以启发这一光辉的、内在的人格世界。每个人都具有这种内在的道德理性，可以用教育方式去诱导，去启发。"仁"就是人类行为德性的最高总结。

基于这种认知，因此，孔子经常把这"仁"的观念灌输给他的弟子们。他常说："你们认为'仁德'离我们很远么？不，只要我们衷心求仁，仁就会来到，因为它是近在我们的内心的。'假如一个人没有仁心，即使用礼也约束不了他；一个人如果没有仁心，即使有乐，也不能使他心性中和，谁也奈何不了他。''只有仁者，能够公正地喜欢人的善，能够公正地厌恶人的不善。'"

但孔子对不同弟子解释"仁"的精义时会利用不同的方法。

有一天，子张（孔子的弟子）向孔子请教仁的问题时，孔子告诉他说："照着下面的五点去实行，就是仁了。这五点是——恭敬、宽厚、诚实、敏捷和慈惠。恭敬才能不受侮辱；宽厚才能博得人们的喜爱；诚实，能使别人对你信任；敏捷，则事情容易成功；慈惠才能使别人愿意为你效劳。"

当颜渊问到仁的问题时，孔子说："倘能克制个人的私欲，使言行都能合理，这就是仁。"

孔子是晓谕弟子们必须注意自我的修养，才能算是仁。

孔子的弟子——仲弓

另一个弟子仲弓向孔子问仁，孔子说："每逢走出大门，要像会见重要宾客般的小心谨慎，特别注意自己的言行。让百姓做事时，要像承当祭典一般，不可骄狂放肆，任意驱使他们。自己不喜欢的事情，不可以加之于别人身上。"

这段话的意思是，平时做人、做事必须态度谨敬、严肃，不可放肆，更要讲究恕道。

孔子认为只要观察一个人的过失，就可以知道那个人是仁还是不仁（人之过也，各于其党，观过，斯知仁矣）。

孔于曾经慨叹世人不知所以为仁之方，他说："我没有见过真正喜欢仁道和憎恶不仁的人。真正喜爱仁道的人，他会觉得世上再没有比仁道更可爱的事物了。真正憎恶不仁的人，也就算是行仁了，因为他不让那些不仁的事加到自己的身上。真的有人能够把整天的精力都集中在仁上面么？我没有看见他会因此而感到力量不足的，也许真有这样的人，可是，我还没有见过。"

孔子永不倦怠地教导学生，在众多的弟子中，各人的资质不同，孔子也就从各种不同的角度，以不同的方式去勉励他们，要他们从事于仁德的实践。

孔子和弟子们相处时，严肃中带有慈祥，讲话时直率而又含蓄，态度上热情而不失分寸，学生们接受他的教诲，如沐春风。

柳下惠与鲁男子

孔子在不从政期间修订诗、书、礼、乐，以发扬传统文化为己任。这样，跟随他的弟子一天天增多，从此开始了私人讲学之风。几年下来，鲁国的风气大变，这是因为受到孔子及其门人的感化所致。

柳下惠，姓展，名获，字禽，食邑柳下，谥为惠。他是鲁国的贤大夫，曾经有一个美貌女子深夜闯入他的卧室，依偎在他的怀中，他却丝毫不动心，深受国人的赞扬。

当时，鲁国有一个人，自称为鲁男子，他没有亲属，也没有妻室，手头颇有几分积蓄，独自一人鳏居在一室，倒也自得其乐。他的邻居是一位寡妇，因为没有翁姑、子女，也是一个人独居。

有一晚，暴风雨来袭，孀居的寡妇感到有点害怕，再加上门窗被风吹得吱吱作响，眼看着将被吹倒，这一晚将如何度过？

她左思右想，决定壮着胆子到鲁男子那里去商量一下。她敲开鲁男子的门，说明来意，由于门窗破损，又兼屋漏，希望能暂在他家借宿一宵。

柳下惠

鲁男子心想，她的情况固然值得同情，但是三更半夜，孤男寡女怎可住在一起？于是毅然加以拒绝。

那位孀妇情急之下，她说："你家里并无别人，有什么关系呢？"

鲁男子说："六七十岁的男子，犹有情欲，你我都还年轻，相处在一起，一定难以自持，因此才不敢答应，请你原谅。"

她听了以后，立即讽刺地说："你就不能像柳下惠那样坐怀不乱么？"

鲁男子斩钉截铁地告诉她说："柳下惠是柳下惠，我是我，他能够容妇人坐怀而不乱，我却不能让你进来。关于这件事，我会去请教孔老夫子，让他来评评理的。"

鲁男子终于坚拒了那位孀妇的劝诱。后来他请曾参（曾皙的儿子，也是孔子的学生）去请教孔子。

孔子赞叹地说："他能谨守礼义，不想学柳下惠的放任，真是难得的正人君子。"

得孔子一贯之道的曾参

曾参听了孔子的评语，感到有些疑惑，于是就发问道："这么说来，柳下惠不及鲁男子么？"

"倒也不能这么说，比如柳下惠的弟弟展喜，就是接受了哥哥的指点，使得陈兵于鲁境的齐国大军终于撤兵退走，这种智谋，就不是鲁男子所能及得了的。

柳下惠的坐怀不乱非常可贵，至于鲁男子坚拒女色的诱惑，这种暗室无亏的决心是可以和柳下惠媲美的，无分轩轾。更由于他的身份不及柳下惠而能保全孀妇的名节，冥冥中的鬼神，也都会保佑他，怎么不值得称赞呢？我们鲁国先后出现了两位正人君子，委实令人高兴。"

这个故事留传下来以后，凡是不好女色的人，都称为鲁男子。现在很多人，把"鲁男子"三个字，解释为不解风情，那是错误的。

学琴于襄子

孔子的几位弟子，像子路、闵子骞、宓子等都被朝廷罗致，而且大都出任邑宰。他们上任前都曾聆受过孔子的教诲。孔子想到各地去看看他们的政绩。

有一天，孔子率领弟子们前往武城的途中巧遇襄子。襄子是鲁国的乐官，弹得一手好琴，孔子多次想向他请教，一直没有机会。此次巧逢，孔子非常兴奋，把他请到旅舍后就开门见山地说："我对先生仰慕已久，只是苦无机缘求教，我对操琴一

孔子的弟子——闵子骞

道,仅略知一二,还请多多指点。"

"岂敢!岂敢!我虽以击磬为官,有时兼司操琴,但算不得其中高手,承您垂询,只能就我所知,为您解说。"

"好极了,那么,就请把古人操弦的派别指点一二,想必三两天工夫,也就可以了。"

襄子:"何必那么匆忙,寒舍就在不远处,请到那里盘桓几天如何?"

孔子:"怎可打扰?"

襄子:"说哪儿话,您能光临,真是蓬荜生辉,请还请不到呢,说什么打扰不打扰的?"

孔子:"那就恭敬不如从命了。"

孔子随着襄子到达他家,宾主坐定后。孔子首先发话说:"我专程来学琴,应待之以师礼。"

襄子忙谦让说道:"不可,夫子名满全国,我怎么敢当,千万不要客气。"

孔子回答道:"那就放肆了。关于操琴的指法,曾蒙苌弘及季札两位略予指点。从他们那里知道舜创五弦琴,周文王加了两根弦,成为七弦琴。我想请教,舜创造五弦琴的用意何在?"

襄子滔滔不绝地阐释说:"当初削桐作琴,面圆象征天,底方象征地。龙池八寸通八风,凤池四寸合四气。琴的长度是三尺六寸,象征一年三百六十日。宽六寸,象六合。前广后狭象尊卑,五弦象五行(金木水火土)。大弦为君,小弦为臣。文王又增加两根弦,是合君臣之义。制琴的用意是禁制淫邪以匡正人心。"

襄子略作停顿,又接着说道:"五弦琴的古法是,第一弦配宫音,依次是配商、角、徵、羽四音。古琴除了弦以外,还有徽、有首、有尾、有唇、有足、有腹、有背、有肩、有腰、有越。琴唇叫做龙唇,琴足叫凤足,琴背叫仙人,琴腰叫美女,越长的叫龙池,短的叫凤沼。临岳是琴首绕弦的,岳山是琴尾高起绾弦的,雁足是肩下系弦的,轸是足下转扭调弦的。

"听起来好像十分复杂繁琐。可是一个学琴的人就必须在这上面多下工夫。"

第二天,孔子又继续请教说:"为什么一定要用桐木制造?"

襄子回道:"桐是阳木,它能知秋,立秋的那天,它一定落叶,任何树木不像它那么灵异。它又能知道闰年,平时生十二叶,唯独闰年生十三叶。我国的峄山(山东邹县东南方)所生的桐木是制琴的良材。"

孔子又再问道:"请问,自古以来,有些什么著名的好琴?"

"相传伏羲造贡粹、婴,这是最古雅的了。然后是柏皇造丹维、祖牀;帝俊造电母琴;晏龙造菌首琴、白民琴;伊陟造国

伏羲造贡粹

阿琴；文王造七弦琴；周宣王造响风琴；楚无亏造青翻琴；崔驷造卧冰琴……这些都是极为珍贵的名琴。"

孔子说："古代的名琴，如今已不可得，若无名琴，单凭苦练，能否成为名家呢？"

襄子笑着说："像您这样的天赋聪敏，即使没有名琴，只需用功练习，必定可以成为名家。"

孔子称谢不已，然后再由襄子教以操琴的指法，孔子退居一室去练习。

有一次，孔子练罢琴，兴奋地跑去告诉襄子说，他似乎瞥见一个身长十尺，目光如电，面黑有威仪的伟男子，那不就是周文王么？

襄子拱手相贺说道："您竟然在练琴之余能够想象出文王的威仪，令我自叹弗如！可喜，可贺！"

接着，孔子就当着襄子的面操琴，使得襄子大为惊奇。他说："您初来的时候，和弦不是很准，指法也生疏，想不到，没有几天工夫，您的琴艺竟如此的精进，看您指法纯熟，疾徐有致，高低合度，一般的琴师也都及不上您了。"

孔子避坐起立，恭敬地说道："我国的乐官都能操琴，但他们多半是藏私，奇货可居，不肯悉心传授。我有幸蒙夫子指点，仰仗您的教导，才能略有进步，真是不虚此行，从此不需暗中摸索，今后还请多多赐教，则感激不尽。"

"岂敢！岂敢！我乐于彼此切磋，请再多留一些时日。"

"谨受教。"

孔子在襄子那里又逗留了不少日子，琴艺益发精进，他不愿长期打扰，就想告辞，襄子也不便强留，于是互道珍重而别。

知识链接

孔子学琴

孔子学鼓琴师襄子，十日不进。师襄子曰："可以益矣。"孔子曰："丘已习其曲矣，未得其数也。"有间，曰："已习其数，可以益矣。"孔子曰："丘未得其志也。"有间，曰："已习其志，可以益矣。"孔子曰："丘未得其为人也。"有间，有所穆然深思焉，有所怡然高望而远志焉。曰："丘得其为人，黯然而思，几然而长，眼如望羊，如王四国，非文王其谁能为此也！"师襄子辟席再拜，曰："师盖云文王操也。"

孔子向鲁国的乐官师襄子学习弹琴，学了十天仍止步不进。师襄子说："可以增加学习内容了。"孔子说："我已经熟习乐曲的形式，但还没有掌握演奏的技巧。"过了一段时间，师襄子说："你已经熟习演奏的技巧，可以学习新的曲子了。"孔子说："我还没有领会乐曲的意境、志趣啊。"过了一段时间，师襄子说："你已经熟习乐曲的意境、志趣，可以继续往下学了。"孔子说："我还不了解乐曲的作者啊。"

过了一段时间，孔子默然沉思，欣喜陶然，高瞻远望而意志升华的说："我知道乐曲的作者了，那人皮肤深黑，体形颀长，眼光明亮远大，像个统治四方诸侯的王者，若不是周文王还有谁能撰作这首乐曲呢！"师襄子离开坐席连行两次拜礼，恭敬的说："老师说这乐曲就叫做《文王操》啊。"

出仕为官

前面我们说过孔子从齐国回来以后,而这时季桓子感觉到政治上确实需要加以改革,他对孔子仰慕已久,尤其是孔子的学识、道德令他佩服之至,早就想请他出来从政。

孔子的弟子——子游

鲁定公九年(公元前501年),孔子已经51岁,鲁定公任命他为中都(今山东省汶上县)宰,孔子认为时机已成熟,也就不再推辞。

孔子到任后,首先举办三件事:一、改良地方风气,实施礼治;二、预防水、旱灾;三、倡导节约,革除一切陋习。

仅仅一年的工夫,中都邑被孔子治理得百废俱兴,男守忠信,女知贞节,商业繁盛,万民乐业,可说是路不拾遗,夜不闭户。孔子的政绩不但传遍了全国,就连邻国也都知道了。

鲁定公对于孔子在中都的政绩极为欣赏,孔子曾被召进宫去,鲁定公问他说:"你的政治主张,在中都极有成效,如果行之于全国,如何?"

孔子对曰:"即使行之于天下,也可适用。"

鲁定公一高兴，马上任命他为大司空。大司空是掌管全国土地建设之事的官员。

孔子接任之初，就率领子游、子华、子夏等弟子游遍全国，勘察各处土地的性质和肥瘠，把山林、川泽等一一测量，什么地区该种植何种农作物；什么地方的河川该筑堤或是该疏洪；什么地方的池塘适宜于养殖哪些种类的鱼虾贝类等水产物……凡此种种都调查得清清楚楚，然后付诸实行。没过多久，由于地尽其利，人尽其才，全国已无一片荒地，而且也见不到一个游民。从此物产丰饶，人民富足安定，国家的税收也有了很大的提高。

诛杀少正卯

公元前497年，孔子55岁时，升任大司寇兼摄相事。大司寇是掌管刑事的官员。

当时，先是阳虎作乱，政权旁落，世道人心极度败坏。孔子接任后，决心大力整顿。他的做法是先把几个首恶分子予以惩处，杀鸡儆猴，以正本清源。

少正卯是阳虎的党羽，他有钱有势，俨然是一个闻人，但暗中却干尽坏事，他曾怂恿叔孙辄、公山不狃等反叛朝廷，孔子决心先拿他开刀。

孔子这种做法还真有点冒险，万一不成，丢掉官位不说，自己的性命都可能不保。但是孔子顾不得这些，倘若这个暗中作恶的罪魁祸首不予诛灭，鲁国的颓风就休想改善。

孔子的弟子就曾劝谏说："夫子，少正卯是鲁国的闻人，并没听说他做出什么坏事。夫子想处置他，外面都在议论纷纷呢！"

孔子说："少正卯表面伪善，却在暗中干尽坏事，别人也许不清楚，我却对他了如指掌。他在社会上有很大的潜势力，平时利用辩才煽动百姓，很多人都曾受他的蛊惑。这种颠倒是非、混淆黑白的坏人，一日不除，终是国家的大患。"

"有什么具体的罪证呢？"子贡不解地问。

"他五恶俱备，只要有一恶，就足以危害家邦。"

"请问，是哪五恶？"

"存有叛逆思想，处心积虑地想篡夺政权，此其一。言行偏激，愚顽成性，此其二。混淆是非，欺诈诡谲，此其三。鼓吹丑恶，主张凶狠，却以巧言掩饰，此其四。广结党羽，培植爪牙，自己在幕后操纵，此其五。

从前殷汤诛尹谐；文王诛潘正；周公诛管叔、蔡叔；太公诛华士；管仲诛付

长于经商的子贡

乙；子产诛邓析，以上七人是异世而同诛，少正卯跟这些人是异世而同恶，怎么可以赦免他？"

子贡听了孔子的一番解释，恍然大悟，恭谨告退。

就这样，孔子当众宣布了少正卯的罪状，下令将他斩首示众，诸大夫及众百姓无不慑服。狡黠之徒再不敢作奸犯科、漠视法令。从此孔子得以施展才华，治理国政。他首先建立纲纪，整饬吏治，举国上下，个个知廉耻、讲信义，不出3个月，鲁国大治，四方商贾往来贸易，邻国的人士络绎于途，纷纷前来观摩，鲁国极一时之盛。

夹谷会盟

孔子出任大司寇期间,有一件大事,必须加以叙述。过去鲁国和晋国订有盟约,而鲁国和齐国则有姻亲关系。有一次,齐国举兵攻晋,这使得鲁国左右为难。幸好不久,齐国被晋击败,由于战事刚刚结束,元气未复,齐国深恐南方的吴国趁势入侵,于是希望和鲁国举行会议。一方面也是修好之意,同时趁此机会解决一些悬而未决的问题。

会议的地点定在齐国境内的夹谷(山东省莱芜),位于泰山东麓。

鲁定公接获通知后,一时之间犹豫不定,召集季斯、叔孙辄、仲孙无忌等权臣进宫商量。

仲孙无忌认为晏婴善诈,此次未必是好意,不可贸然前往。季斯却表示说,齐国常常大军压境,使鲁国深受威胁,如今被晋国击败,想跟鲁国修好,也是情理之常,拒绝了反而不好。

鲁定公见大家的意见有分歧,于是毅然说道:"寡人认为纵使对方有什么阴谋,但却没有更好的理由加以拒绝,只是随从与会而又能折冲樽俎的人才难求。"

叔孙辄说:"春秋定例,诸侯会盟由相国赞礼。这是责无旁贷的事。"

季斯抢着说道:"这个重任,我可胜任不了。"

仲孙无忌考虑了一下,说道:"大司寇孔子,他学识渊博,足智多谋,他在我国出仕以后,政绩斐然,齐国对他既敬且畏,他倒是一个适当的人选,只是名位不称,奈何。"

季斯这个人倒能公忠谋国,识得大体,他立刻接上去说:"我马上辞去相位,暂由大司寇兼摄相事,这不就名正言顺了么?"

孔子被召入宫授命,孔子诚惶诚恐地回禀道:"君命不敢违,臣当勉力奉行。"

当晚鲁定公在宫中设宴,商讨赴会事宜。

鲁定公问孔子说:"齐使的来书上为什么有'乘车之会'的字样?"

孔子回道:"这是秉承齐桓公不用兵车会盟的遗命,莅会时只是乘车,不带兵车随行。"

齐桓公

鲁定公不安地问道:"这么说来,我们不能带兵车护送么?"

孔子谨慎地回答说:"当初管仲相桓公时,九合诸侯,确实是都没有带兵车。不过,此一时,彼一时,现在的晏婴善行诈术。从前宋襄公与楚会盟于孟,本来是约定不用兵车的,不

料，楚国失信，临时伏甲要盟，把宋襄公杀得大败。殷鉴不远，我们不能重蹈覆辙。"

"你的意思是……"鲁定公狐疑不定地问道。

孔子："现在距离会议日期还有不少时日，臣请设左、右司马（掌军政的官），先行训练，届时备用。"

鲁定公闻言稍觉心安，说道："好吧！希望你积极筹备。"

翌日，鲁定公派大夫申句须为右司马，乐颀为左司马，克日加紧训练。

赴会的那天，孔子保护鲁定公驾车起程，申句须和乐颀各率兵车500乘远远地跟随。另外派勇将兹无还统率精兵300乘护驾，在距离夹谷5里处驻扎下来。左、右司马的千乘兵车则停在10里外待命，并派遣密探沿途联络，传递信息，一旦有警，立刻可以驰援。

齐景公是以主人的身份先到夹谷等候的。当年的诸侯会盟地点都筑有土坛，与盟的诸侯在坛上会谈，随从人员则齐集坛下伺候。

此次齐国筑的坛十分简陋，也就表示，并未把小小的鲁国放在眼里。这是有原因的，因为齐国眼见鲁国任用孔子以后，国势一天天地强盛，深感这是未来的威胁，心中有点不安，此次会谈名义上是修好，实际上摆出一种姿态，故意草率从事，并不重视对方。其实这是色厉内荏的做法。

齐景公自己把幕设在坛右，幕后驻有很多兵卫。孔子接获密报后，也命左、右司马率领精兵随着定公驻扎在坛右，以防不测。

齐国大夫黎钼事先曾向齐景公建议说："鲁国任用了孔子，国势日盛，齐、鲁两国虽有姻亲关系，但一旦鲁国强大起来，终是我们的大患。孔子虽然是名闻天下的贤人，但他能文不能武，他没学过兵法，知礼不知勇，我们不妨挑选几个精壮的莱夷人，在会盟时登坛献乐，乘机把鲁定公和孔子拿下，还怕他们不乖乖地听命于我们么？"

齐景公考虑了半晌，说道："这件事非同儿戏，还得和相国商议一下再作决定。"

黎钼奏道："相国和孔子素有情谊，万一他起而阻挡，岂不是错过了大好机会？"

齐景公仍在犹豫不决，但是禁不住黎钼一再地分析利害得失，齐景公终于动心，盼咐黎钼去妥善安排。

会盟的当天，执事官启请两国的君主登坛，齐君由晏婴为相，鲁君由孔子为相，分别在坛的左右方恭立，相对一揖后，缓步登坛，两君揖后就座。首先由晏婴叙述两国始祖周公旦，太公望的遗泽，两国自当永修旧好，和睦相处，不负今日会盟之意。接着举行献酬玉帛之礼，礼毕，执事官奏请作乐。

依照往例，这种场合应该演奏古乐助兴，可是齐国方面派出的乐工却是一群手执戈矛、长发露体的莱夷人。

鲁定公见状，吓得面色苍白，说不出一句话来。只见孔子急步登坛趋向齐景公面前，神色庄严地高声说道："今天是两国会盟修好的吉日良辰，怎可演奏夷狄之音？这不仅是对天地神明不敬，而且有辱贵国的国体，难道说贵国不懂礼乐，只欣赏这种夷狄之音么？一旦传了出去，岂不贻笑大方？"

孔子的态度不卑不亢，而且这简短的几句话铿锵有力，义正词严，使得齐景公满面羞惭，立即喝令莱夷人撤走。

这时候，执事官奏请献演宫中之乐，本来是没有什么问题，可是黎钼已经恼羞成怒，一计不成，又生一计。在演奏宫中之乐的同时，他促使一群优伶小丑，狂跳狂舞地拥向台上去。

孔子再也按捺不住，厉声说："匹夫戏诸侯，该当死罪，请贵国的司马执法。"

齐景公一时拿不定主意，孔子立刻奏道："两国既经修好，就如同是兄弟一般，我国的司马就在坛下，让他来代行执法吧。"

孔子不待齐景公的答复，立即高唤申句须和乐颀速速上坛。两将领命，飞奔上坛捉住两名优伶的领队，手起剑落，可怜两名受利用的侏儒小丑立刻身首异处。齐国方面的与会人员个个吓得目瞪口呆，宰相晏婴更是暗暗叫苦不迭。

就这样，本是修好的会盟，只好草草结束。

齐景公回去以后，大发雷霆，狠狠地把黎鉏训斥了一顿。可是，事情并非就此了结，如何善其后，才是真正头痛的难题。宰相晏婴建议说："大凡小人犯错，只是口头上谦辞谢过，甚至找理由掩饰。君子犯过，就会以实际行动来表示忏悔，或坦承错失。据我所知，我们曾先后索取或占领了鲁国的汶阳、郓以及龟阴等三处地方，假如把这三块土地重新归还给鲁国，我想，他们一定会高兴的，从此可以尽释前嫌。这件事，还请主公定夺。"

齐景公一听，非常欣慰，立即交由晏婴去办理。鲁国方面不但收回了失地，而且挽回了面子，这一次外交上的大胜利，完全归功于孔子。

孔子从政以后，在外交上打了一个大胜仗，继而要在国内施展他的抱负。首先是削弱贵族的势力，建立中央集权，以免过去那种昭公出奔的旧事重演。

当时三桓都有自己的军队、自己的城堡，而且城堡的建筑十分宏伟、坚固，俨然是个小朝廷。如不予以拆除，终是大患。

季氏的城堡在费（山东临沂西北），叔氏在郈（山东省东平东），孟氏在成（山东省宁阳东北）。

孔子的这项主张首先响应的是季氏，因为他的城堡被公山不狃强占着，正好趁此机会把公山不狃赶走。孔子派子路去执行任务时，不料公山不狃却顽强抗命，后来被申句须和乐颀击散逃亡，费城才顺利地被拆除。

接着是叔孙氏也自动地把郈的城堡拆掉。

最后轮到孟孙氏，孟氏却拒绝了。他的理由是，成这个地方靠近齐国，假如没有坚固的城堡就难以自保。

孔子认为，保疆卫土是政府的责任，不需由各大夫自拥军队，自建城堡。由于计划受阻，乃奏请朝廷派遣军队去强制执行，结果却屡攻不下，一直僵持在那儿。孔子眼见如此情况，长久闹下去终非国家之福，目前自己的计划已完成了三分之二，因此对于孟氏城堡的问题就暂时放下不管。

周游列国

笃信好学,守死善道。危邦不入,乱邦不居。天下有道则见,无道则隐。邦有道,贫且贱焉,耻也;邦无道,富且贵焉,耻也。

——孔 子

携高足离鲁

由于鲁国内政上的大患三桓的势力已大为削弱,中央集权已逐渐建立起来,从此国家政治修明,社会安定,一天天步上富强之途。

然而,鲁国的日益强大,给邻国带来了不安。最感到恐惧不安的是齐国,过去的那一套收买三桓操纵政治的老办法,现在已经行不通了,真不知如何是好。

夹谷会盟后不久,齐国的宰相晏婴病逝,黎锄重获宠信。他建议齐景公说:"鲁国任用了孔子才有今天的成就,只要除掉孔子,鲁国就无所作为了。"

齐景公说:"鲁君对孔子宠信有加,这怎么办得到?"

黎锄:"用离间计。"

齐景公:"离间计?不可能的。"

黎锄:"主公请听我说,爱好女色乃人之本性,尤其是处于升平之世,多半会耽于逸乐。我们不妨挑选冶艳善舞的美女以及良好的马匹送过去,鲁君和季桓都是壮年人,不可能不动心的。只要他们接受下来,就会疏远孔子,纵使一时不疏远孔子,孔子也会直言诤谏,到头来,必定会惹火了鲁定公。孔子在这种情况下,还能再留恋鲁国吗?"

齐景公听了黎锄这条妙计,对其大为赞赏,吩咐他马上去办理,越快越好。

于是,80位能歌善舞、年轻貌美的女子,以及披挂耀眼装

饰的良驹120匹被送往鲁国去了。这一行人暂时停歇在鲁国都城的南高门外，还不敢贸然进城，只是先派人去进谒季桓子。季桓子还有所顾忌，他就微服前往察看，不看则已，一看之下，不由得怦然心动。因为鲁国一向崇尚朴实，几曾见过这些衣饰华丽、美艳绝伦的美女和这许多雄骏的良驹？他看得眼花缭乱，赶忙回去报告。

鲁定公也想亲自去看看，却又有所顾忌。季桓子了解鲁定公的心意，于是建议他以视察民情作为借口，鲁定公高兴非凡，立即下令备车前往。一见之下，顿时心乱神迷，魂消魄荡，当场吩咐季桓子一一点收，并修书向齐景公致谢。

鲁定公回宫以后，将女乐及骏马一部分赐赠给季桓子。从此君臣两人沉迷于声色犬马之中而怠于政事。

孔子多次求见，都遭拒绝。子路的性子最急，而且口快心直，他认为国家没有前途了，心中非常失望，请孔子挂冠求去。孔子并非是贪恋官位，而是一切以邦国为重，在尚未完全绝望以前，决不放弃自己的责任。

他安慰子路说道："事情还没有到完全绝望的地步，年轻人一时沉溺于声色之中，也许他们很快就会醒悟的。过几天就要举行郊祭大典了，依照惯例，郊祭以后，一定要分胙肉给各大臣的，如果届时鲁定公亲往行祭，并分赠胙肉给我们，表示他对于重大的祭典并未忘怀，也表示我们仍受尊重，国家的前途仍有可为，你别太悲观啊！"

可是，到了冬至祭天的时候，鲁定公和季桓子正陶醉于温柔乡里，早把这件事忘得一干二净，仅仅由主管人员草草了事，也没有循例分胙肉。

这时，孔子失望了。当子路等一批弟子再度请求夫子离开这个无可救药的国家时，孔子黯然点头答应了。

孔子的内心是十分凄楚的，他何尝愿意离开自己的家乡，他一心想把鲁国治理得富强康乐，但却事与愿违，怎不令他痛心？

子路和冉求等本来都是季氏的家臣，也一个个跟着弃官出走，他们视官位如敝屣，他们愿意一辈子追随老师的左右。 孔子率领全班高足弟子，以既像流动的讲学团体，又像是有理想、有抱负的政治团体的姿态，开始了长达14年的周游列国的生涯。 这时是公元前497年，孔子已55岁了。

孔子把家事交给伯鱼照顾，自己带领弟子们往西而去，目的地是卫国。 当他们到达鲁国边境一处叫做屯的地方，准备停下来歇息的时候，看到几匹马从后面赶来，原来是季桓子派一位名叫师己的乐师前来慰留，他说："季卿听说夫子弃官出走，立即命我来探询究竟，孔子啊！并没人得罪您，为什么要离开呢？"

孔子回道："我可以唱首歌，作为答复。"

于是，孔子抚琴而歌曰："彼妇之口，可以出走；彼妇之谒，可以死败。 盖优哉游哉，维以卒岁。"

大意是说：那些迷惑人的妇人，会影响政治，既然如此，那就只好出走了。 那些迷惑人的妇人，足以败国亡身。 我已尽力，无法力挽狂澜，倒不如优哉游哉地去度余生吧。

师己听孔子唱完，一阵心酸，不觉潸潸泪下。 他知道已经挽留不住，只好含泪和孔子珍重道别而返。

孔子选择去卫国是有理由的，第一，卫国有一位孔子非常推崇的贤人蘧伯玉（名瑗，年50而知49年之非）；其次是卫灵公治理卫国30余年，社会非常安定。 最主要的是，子路的岳母家在卫国，他的妻兄颜浊邹可以对孔子一行人有个照顾。

不料，颜回却提出反对，他说："卫君不能用蘧伯玉，算不得是一位贤君，再说卫夫人南子素有丑闻，可见得卫国教化不良。 常言道：良禽择木而栖，贤臣择主而事。 夫子为什么一定要到卫国去呢？"

孔子说："卫国确实有不少贤臣，例如史如这个人，正直得像一支箭，邦国有道，他是如此，邦国无道，他仍是如此。 至于蘧伯玉没有出来做官，也许是未曾受到推荐的缘故。 南子出生在宋，后来嫁到卫国，关于她丑闻的事，咎在她的父母，我们

不能一口断定是卫国的教化不良。"

卫国就是现在河南省的卫辉、怀庆两府。当年周武王少弟康叔封于此，算起来，卫、鲁两国也有姻亲关系。

一行人进入卫国，到达一个小镇上休息，当地一个驻守边关的小吏，久慕孔子的大名，想要求见，冉有认为这么一个小小的官吏，夫子大可不必见他。孔子则认为无妨，于是这位瘦老头被引了进来。

孔子和蔼地询问说："高寿几何？工作忙否？"

"虚度七十有五，老了，不中用了。不过，由于工作的关系，倒经常可以见到一些名人。"

他和孔子谈了很久，对孔子的学识及品德愈来愈敬佩。他辞出以后，对孔子的弟子说道："我今天能幸运地拜见孔子，真是三生有幸！他竟是如此的伟大，孔子的才能，如果仅限于鲁国国内，那才真可惜呢！我认为这是老天爷使孔子为警世的木铎，让他传布道声，你们大可不必灰心。"

"木铎"是金属的铃，而以木为舌。如果以金属为舌，就叫"金铎"。当时，政府每逢颁布法令时，就摇铃使百姓们注意倾听。

这位守关小吏的意思是，上天有意让孔子警告天下人民实行正道。弟子们听他这么一说，深信自己未来的任务，以及孔子的理想必可在别的国家付诸实现。

孔子乘坐的车子，轮流由弟子们驾驭。古时候的读书人所学习的课程中，就有"御"这一科目，所以个个都能驾驶。

有一天，正好由冉有驾车，孔子一路观赏风景，此时快要接近卫国的都城了。孔子对冉有说："看起来，这里的人口众多。"

冉子答道："是啊，这里的确是人口很多。人多了以后，该怎么做呢？"

孔子说："使他们富裕。"

"富裕了以后呢？"

"就得施以教化，使他们学习礼仪，懂得做人的道理。"

这时候，性急的子路，插口说道："请问夫子，怎样才算是君子？"

孔子说："修养自己着重于一个敬字。"

子路接着又问："这样就够了么？"

孔子说："修养好自己，再来安定别人。"

"这样就够了么？"子路仍然追根究底地问下去。

孔子不厌其详地告诉他说："自己修养好了，再进一步去安定百姓。讲到修养自己、安定百姓，就连尧、舜恐怕还不能完全做到呢！"

说着说着，已经快到都城。卫、鲁两个小国都是在周公之后，建国已有几百年，彼此间没有发生过什么纠纷，人情风俗也大同小异。一般老百姓听说鲁国的孔子来到卫国，个个额手称庆，盼望他长住卫国，帮助卫君改革政治，使人民过上安乐的日子。

孔子一行就在子路的妻兄颜浊邹的家里安顿下来。颜浊邹是卫国的贤大夫，他对孔子仰慕已久，此次孔子歇在他家，他感到莫大的光荣，故而热忱地接待，谦恭有礼，丝毫不敢怠慢。

卫国的将军文子，敬重孔子是当世的圣人，他曾竭力向卫灵公推荐，盛赞孔子的学问道德。

卫灵公年岁比孔子小十多岁，他知道孔子是名闻天下的大学者，如今来到卫国，当然感到荣幸，但又不知如何起用他，因此，当他第一次接见孔子时，只是谈一些无关紧要的话题，他说："您在鲁国的时候，俸禄多少？"

孔子见他问出这种无关宏旨的小事情，心中有些不悦，但仍压抑着自己的情感答复道："俸米六万斗。"

卫灵公随即吩咐比照鲁国的俸禄给予孔子，但没有和孔子谈论政治上的问题，似乎没有起用孔子的意思。

卫国有个美男子名叫弥子瑕，卫灵公非常宠幸他。有一天，他对子路说："夫子如想做官，只消我一句话，就可以办得到。"

言下之意,要孔子买他的账,亲自去拜托他,他就可凭此自抬身价了。

孔子岂是这样的人,他当然不肯答应。不答应倒也罢了,却使这位小人恼羞成怒,怀恨在心。

卫国另一位权臣名叫王孙贾,他很敬佩孔子,他深恐孔子会因失望而离去,心想:如果卫灵公不能用他,就把他收为自己的部属,以壮大声势。他以试探性的口吻对孔子说:

"与其媚于奥,宁媚于灶。"

奥是屋子的西南隅,是尊者所居的位置。这句话是比喻与其盼望位尊者起用,不如阿附权贵。也就是说,卫灵公不能赏识你,我可以录用你。当时的卫国,确实也是如此。这和鲁国的三桓专权是相同的情况。

孔子答复是:"不行,这是不对的!如果获罪于天的话,再怎么祷告也是没有用的。"

可是,这么一来,孔子又多得罪了一个人。

匡城被围

孔子在卫国住了 10 个月,一直郁郁不得志,于是准备前往陈国。陈也是一个小国。周武王立,求虞舜之后,得"妫满",封之于陈,位置在今河南省开封以东,至安徽省亳县以北。

孔子一行辞别颜浊邹后,就往陈国出发,在将要走出卫国国境,抵达匡(今河北省长垣西南)这个地方时,曾有一场误会,使得孔子等一行,饱受虚惊。

当时,替孔子驾车的人是弟子颜回,他举起马鞭指着尚未修复的城垣说："我上次就是从这个缺口进城的。"路旁围观的民众对他们这一行人非常注意，他们想看清车里坐的是什么人。

　　当年阳虎从鲁国逃往齐国时，曾在此地留下恶名，匡人恨之入骨，偏偏孔子的相貌长得和阳虎有几分相似。因此，匡人把孔子一伙人误认为是阳虎又率领党羽前来，匡人一心要报复，于是把孔子的居处团团围住。

　　子路怒发冲冠，准备和匡人决一死战。孔子立刻制止说："不可鲁莽，我们和匡人素无冤仇，其中必有误会。

　　"再说，文王已经去世，但传统文化仍在，如果天意要丧失这种文化，我们这批后死的人，就无法再参与这种文化了；如果上天不想丧失这种文化，匡人又能把我怎么样呢？"

　　孔子说罢，一面派颜回去向匡人询问缘由，自己则镇静如常地坐下来操琴。他弹的是文王操，三阙告终，外面的匡人听到琴音，再经颜回的解释，他们才知道里面坐的确实是孔子而不是阳虎。于是，围困的人连声赔不是后纷纷散去。

　　当孔子见到颜回平安归来时，才松了一口气说："你终于平安地回来了，我一直在担心你会发生意外！"

　　颜回恭敬地回答说："夫子健在，回何敢死？"

折返卫国

　　正在这时候，蘧伯玉率领了一批人赶到了匡地，他见到孔子后，立即万分歉意地说："我恰好有事去郑国，昨天回来，听文子将军说，夫子不告而别，我们非常着急，向颜浊邹追问，他不肯直言相告，几经追逼，他才说出孔子一行将去宋国，当我们一行抵达此地之前，听说夫子曾饱受一场虚惊，真是太遗憾了！幸好误会冰释，还请夫子看在文子将军的薄面，回转大驾，望勿推却。"

孔子见他词意恳切，也就答应了。蘧伯玉报导了一些近况说："史鱼曾大力推荐我，卫灵公却未能采用，后来文子将军又向卫灵公说项，仍不见用，文子见我家贫，时常予以周济。"

孔子说："文子真不愧为贤卿相，他以自己的去留为你力争，你该感激图报，不可辜负人家一番盛情。"

"谨受教。"蘧伯玉深受感动地说。

资料链接

蘧伯玉

蘧伯玉，河南人，春秋末年卫国大夫，为人有贤名。孔子周游列国走投无路之际，数次投奔蘧伯玉。他曾称赞蘧伯玉是真正的君子——君王有道，则出仕辅政治国；君王无道，则心怀正气，归隐山林。

当时卫国的君主卫灵公，有一位聪明的夫人。有一天晚上，卫灵公与夫人坐在屋子里闲聊，忽然听得远处传来车驾的声音，这声音越来越清晰，这马车自然也越来越近，眼看着这车就要从宫门前飞驰而过。可就在这时，马车的声音不见了，车子似乎停了下来。又过了那么一小会儿，马蹄的踢踏声，车轮的吱吱声重新又响了起来，听起来那车已过宫门而去。

卫灵公很奇怪，说这是谁的车啊，怎么这么怪？他的夫人说，这一定是蘧伯玉的车。卫灵公越发的奇怪了："夫人，你们都没出，怎么就知道是蘧伯玉的车子呢？"夫人答道："我听说，为了表达对君王的敬意，路过宫门要停车下马，步行而过。真正的忠臣孝子，不是因为光天化日才持节守信，更不因为独处暗室就放纵堕落。蘧伯玉是我们卫国的贤人，对朝廷尊敬有加，为人仁爱而智慧。他一定不会因为是在夜里就不遵礼节，驾车奔驰而过，因此这一定是他了。"

卫灵公不信，派人暗地查访，才发现昨夜驾车之人正是蘧伯玉。

贤人蘧伯玉

卫灵公又来到夫人那里，骗夫人说："夫人，我派人查过了，那个人不是蘧伯玉，这回你可猜错了。"没想到夫人听得此言，取来杯子斟满了美酒，跪下来朝着卫灵公拜了两拜，慌得卫灵公连忙上前双手搀扶："夫人这是何意？"夫人说："我这是恭喜大王您啊。我本来以为我们卫国只有蘧伯玉这样一个出类拔萃的君子，既然昨天晚上那人不是他，那么大王您就又拥有了一位贤臣。这正是国家之福，难道不值得庆贺吗？"

蘧伯玉奉命出使楚国，遇见楚国的公子皙，公子皙对他说："我听说第一流的人才可以将妻子托付给他；第二流的人才可以让他捎话；第三流的人才可以将财物托付给他。若是一人三者兼备，便可以托付自己的身家性命。是不是这样呢？"蘧伯玉说："您不用再说了，我明白了。"两人分手之后，蘧伯玉觐见楚王，完成了出使的使命后，坐下来与楚王聊天，说着说着就谈到了人才上。楚王问蘧伯玉："你说哪个国家的人才最多啊？"蘧伯玉答道："当然是楚国。"楚王闻言非常

高兴，可蘧伯玉接着往下说："可楚国人才虽然多，但是楚国不会用人。"这下楚王不乐意了："你这说的是什么话？！"蘧伯玉坦然回答："大王，您先别生气，听我慢慢说。伍子胥，是楚国人吧？结果背井离乡投奔了吴国，在吴国当了宰相，发兵攻打楚国，把楚国兵马杀个大败，最后楚平王被鞭尸示众，真是太惨了。今天我在路上碰见了公子皙，这也是不世出的人才，如今又要离开楚国，不知道要去为哪一国效力了。"楚王听到这里，恍然大悟，拉着蘧伯玉的手说："若无先生之言，楚国又失去一位大才。"于是连忙派人快马加鞭追回公子皙，并拜之为相。

蘧伯玉是一个富于自省精神的人。有一天，蘧伯玉派人去拜望孔子，孔子向来人询问蘧伯玉的近况，来人回答说："他正设法减少自己的缺点，可却苦于做不到。"来人走后，孔子对弟子说："这是了解蘧伯玉的人啊。"蘧伯玉每一天都思考前一天所犯的错误，力求使今日之我胜昨日之我；他每一年都要思考前一年的不足，到了50岁那年，仍然在思考之前所犯的过错。所谓"年五十而知四十九年非"。

孔子率领弟子们再度返回卫国，住在蘧伯玉的家里，卫灵公待之以客卿礼。没有多久，贤大夫史鱼病危，他临终前盼咐家人道："我任官于朝廷，这么多年来，一直想举荐蘧伯玉，罢黜弥子瑕，始终未能如愿，我生不能正君，死也不当成礼，我死以后，不必急于入殓安葬。"

说完，就断了气，家里的人只好遵从遗命，不敢入殓。文武百官前往吊唁时，询问何以不入殓，家人据实相告。卫灵公知道以后，亲往致吊时，悔恨交加地对孝子说："寡人未能采纳忠谏，这是寡人的过失。我会设法补救的，你们赶快把他的遗体入殓吧。"

卫灵公返宫后，立即下令进用蘧伯玉，并将弥子瑕降职。

孔子感慨地说："古来忠臣谏君，至死方休。而史鱼在死后，尚能尸谏，终于感动了君王，史鱼称得上是一位直臣了。"

卫灵公的夫人南子是宋国的公主，貌美而淫，未嫁前，就曾与人私通，生性淫乱的南子和美男子弥子瑕也有暧昧关系，因此丑闻四播。她生得漂亮，又小有才气，卫灵公对她言听计从，久而久之，她就干预起政事来了。凡是有所求于君王的，只要走走她的门路，必定可以成功。她听说孔子是一位大学问家，生得魁梧异常，却一直没有被重用，也不来向她请托，这倒反而引起她必欲一见的好奇心。

时间愈久，好奇心愈强烈，她按捺不住了，于是派人去宣召孔子进宫。孔子何尝不了解这是进身的机会，但他决不肯这么做，一个正人君子，怎可利用裙带关系而达到目的？他拒绝的理由是，不是出于卫灵公的命令，就不合礼法，不合礼法的事，君子不为。

像南子这种被宠幸惯了的女子，说到就要做到，否则，决不甘心。最后，她运用了一些技巧，说动了卫灵公，以卫灵公的名义召他入宫，孔子不能再拒绝了。

孔子被带进宫以后，在一间挂着帷帐的会客室晋见南子。孔子神情肃穆地站立在那里，不一会儿，听到有环佩的声响来自帐后，孔子低头向北面长揖，帐后响起了一阵清脆的衣裙窸窣、环佩叮当的声音，表示南子正在还礼。这倒是罕有的事情，也许在南子的内心中，不由得不生起敬仰之心。

事后，子路埋怨说："这种女人，为什么要去见她？"

孔子解释说："我何尝愿意见她，只是为了礼貌，不得不去一趟。若我有非份之想，就遭天谴"

孔子那一番委屈迁就的苦衷，竟不为刚直的子路所谅解，他老人家只好以誓言来使他理解了。

自从孔子见过南子以后，卫灵公认为孔子并不如想象中那么严肃拘谨，因此，在行动上不免有点随便。在他心中，认为是彼此的感情更接近了一步。但看在孔子的眼里，就不合乎礼法了。下面的一则故事，是促使孔子决心离开卫国的直接因素。

有一天，卫灵公派人来找孔子去，说有要事相商。孔子进宫以后，卫灵公突然有事需要出去一趟，于是，征求孔子的意见。他说："我刚好有事要出去，你我就在车上谈，怎么样？"

孔子一听，这也没有什么不可，于是就答应了。正在这时候，南子打扮得花枝招展地走了过来，她撒起娇来，也要跟着去。

本来，像这种场合，卫灵公应该当场拒绝才对，可是他没有。孔子站在一旁，进退两难，尴尬万分。灵公歉意地向孔子说："那就请你乘后面一辆车子吧。"

灵公和南子坐进车厢，由太监雍渠驾驶。一路上招摇过市，路人为之侧目。孔子从那些人的眼神里，不难体会出人民心中的恶劣印象。让一位名闻天下的学者跟在后面陪乘，这简直是一种侮辱，孔子的心中真不是滋味。

孔子认为卫灵公这种做法不成体统，于是决心要离开了。他叫弟子们赶快收拾行囊，第二天就准备启程。蘧伯玉和文子苦苦挽留，孔子约定以后有机会一定再来会晤，并留下几个弟子在卫国出仕，然后才依依作别。

宋国遇险

孔子心中盘算着鲁国的政务废弛，国势益弱，已难挽颓势了，而宋国是自己的祖国，当年，成王接位后，武庚作乱，被周公旦讨平，改封微子启于此。宋也是一个小国，现位于河南省商丘以东迄至江苏省铜山以西。后来被齐、魏、楚三国所灭。

当时鲁国曾派人来聘请孔子，孔子命弟子冉求（字子有）回鲁从政。

冉求返回鲁国时，鲁昭公已经去世，由鲁哀公执政。他向冉求问道："孔子现居何国？"

"宋国。"

"自从我主政以来，苦无贤人相助，你这次回来得正好，务必请你协助我，万勿推辞。"

冉求见鲁哀公词意恳切，只好应命。

恰好，鲁国的右司马乐颀不久前去世，朝廷乃命冉求继乐颀之后，出任右司马。

冉求也认为，司马职司军旅可以发挥己长，所以欣然受命。从此冉求长仕于鲁国。后来，孔子返鲁，就是冉求在鲁哀公面前力保所致。

孔子一行抵达宋国国境以后，颜回先去见他的旧友子罕，子罕立即奏明宋君，宋君听说孔子来到，就命大司马桓魋前往迎接。

桓魋这个人面貌姣好，以男色见宠，因此专横跋扈。他深恐孔子会受宋君重用，故意在宋君面前进谗言。宋君信以为真，嘱咐桓魋暗中留意孔子的行动。

有一天，孔子率同弟子们到郊外去游览，看到一大群人围在那里雕琢一个大石椁（棺材外面的石套）。那群人个个疲惫不堪的样子，却又不敢怠工。

孔子好奇地询问一位工匠说："你们劳师动众造这么大的一个石椁做什么？"

"这是大司马命令做的。"

"为什么要这么大？"

"他死后要许多人跟着陪葬，所以愈大愈好。其实，在石椁未完成以前，我们已经有好多个人耐不住长期的疲劳而累死了，唉！上面的命令，我们又不敢不从。"

孔子长叹一声说："这真是人间惨事，千古未闻！"

这句话，当然很快就传到桓魋的耳朵里，他顿起恶念，准备要杀害孔子。

有一次,桓魋当着宋君的面,奚落孔子说道:"您在鲁国时,官居大司寇兼摄相事,权位不可谓不高,何以不能使鲁国臻于富强之境?这一点,您能及得上管仲和晏子么?既然弃官而去,却不隐居山林,终日东奔西走,乞求别国的赏识和任用,这方面,您及得了伯夷、叔齐的清高么?"

孔子不慌不忙答道:"我出仕于鲁时,使君臣有位,长幼有序。乡党尊老敬幼,升降揖让,都中规矩。人人知耻达礼,路不拾遗。执法听讼,无私无纵,从此鲁国大治,邻邦仰慕而前来观摩,络绎于途。想必大司马必有所闻,我也不必多说。

至于我弃官而去,乃因君、相溺于声色,屡谏不听,乃不得不出此下策,但心中仍希望在我去后,君、相能够醒悟,从此远色亲贤。我时时以国邦为念,未敢或忘。"

桓魋本想当众羞辱孔子,孔子却侃侃而谈,在座的人无不叹服。宋国的忠良之士,竭诚希望孔子久留宋国,改革政事、翦除奸逆,为国家造福。

桓魋对孔子简直恨之入骨,他积极地着手部署,企图要杀害孔子。好在孔子一行所住的行馆离子罕家不远,而子罕也多少体会到孔子处境的不利,因此密嘱行馆里面的侍者要细心照顾孔子,不得疏忽。

由于桓魋的居中作梗,因此宋君对孔子一直未予重用。孔子闲来无事,多半跟弟子们在行馆附近的一棵大树下讲学论道。桓魋却向宋君进逸说:"据报孔丘这个人心怀不轨,他曾经告诉他的弟子们,宋是他的祖国,他有心篡夺政权,因此常常跟学生们在行馆旁边的大树下商量,名义上是讲学,实际上是密谋造反,主公可得小心。"

宋君一听,大为吃惊,问道:"有这等事?"

桓魋言之凿凿地回禀说:"是我派在行馆里的心腹探听到的,绝对假不了。"

宋君:"那该怎么办呢?把他们赶走,行么?"

桓魋:"赶走他,会受人批评。这件事,交给臣去办理好

孔子在大树下讲学论道

了。"

宋君："好，你看着办吧。"

桓魋领命回去以后，就密嘱心腹，挑选几十名家丁换上杂色衣服，准备趁清晨孔子和门人在大树下煮茗清谈的时候，一拥上前，杀个措手不及。

翌日拂晓时分，几十名乔装盗匪的家丁埋伏在大树附近候命。领头的在大雾弥漫中远远望去，由于大树的枝杈甚多，看起来好像人影幢幢。他一声令下，一伙人持械扑杀过去，把树枝砍得七零八落，却不见一个人影。他们赶紧掉转头来，奔向行馆，里面却空无一人。

原来，孔子一行人早就得到子罕的通知，预先逃走了。桓魋据报后，气得咆哮如雷，下令发兵追赶。可是孔子早已走远，已经追赶不及，桓魋只好败兴而回。

孔子适郑

郑国就是现在河南省的新郑。周宣王把他的弟弟友封于陕西省华县西北,平王东迁,徙于济西、洛东,河南、颍北四水之间,是为新郑。

郑国的贤相——公孙侨

当时郑国有位贤相公孙侨,字子产,他主政时宽猛并济,内以礼法驭强宗,外以口舌折强国,虽然处于晋、楚两大国之间,却始终能保持安定,未受战祸。孔子对他极为推崇、景仰,因此,想到郑国去看看。

由于在宋国险遭桓魋所害,所以逃出来的时候,有一部分弟子失散了。

子贡首先抵达郑国，他四处打听，不知道孔子等一行人有否到达。

当时有一个人告诉他说："我在东门看到一个人，身高九尺以上，眉高额阔，很像唐尧；颈似皋陶，肩像子产。自腰以下，不及禹者三寸，一副不得志的样子，好像是丧家之犬。"

子贡连忙赶到东门去，果然见着了孔子，高兴得不得了。孔子问他怎么会找到这儿的，子贡不敢隐瞒，就把刚才听到的话，一五一十地说了出来。

孔子笑着说："他把我和古圣贤相比，未必恰当，倒是把我形容成丧家之犬，非常妙！妙极了！"

子产见到孔子驾临，欣慰地热忱接待。孔子对于他出任郑国宰相，周旋于晋、楚二强之间，能使兵车之辙不留郑境，而且君臣和睦，万民安乐也称羡不已。

子产摄行相事多年，周旋于二强之间深感苦恼，特向孔子求教。孔子告诉他说："国家之存亡兴衰，不在疆域之大小。当年成汤居亳，地仅70里；文王居丰，武王居镐，地仅百里，当初的处境和贵国相似，到后来，还不是统一了天下么？"

子产谦逊地答道："敝国虽不敢希冀汤武的盛业，但请夫子指点，汤武究竟如何奉事上国，终能统一天下呢？"

孔子说："很简单，不外修德以待天时，举贤以佐国政。成汤得伊尹、文王访太公，就是很好的例子。"

子产称谢道："谨受教。"

子产曾多次邀请孔子同朝为官，孔子都婉言辞谢了。子贡为此疑惑不解地询问孔子说："夫子一向抱持匡君泽民之心，为何不答应他呢？"

孔子说："子产当国多年，尚未能力图自强，我有什么才能，能够胜过他呢？"

孔子准备到陈国去走一趟。

在陈三年

公元前492年，孔子已经60高龄了。两年前，他离开卫国时，本想直接到陈国来的。路经匡城时，被匡城人误认为阳虎，饱受一场虚惊。后来，又被蘧伯玉接回去，以后一直没有如愿。

孔子到达陈国后，陈国的君主缗公对孔子非常礼遇，他也很虚心，经常向孔子求教。

一天，从鲁国传来消息说，鲁都发生了火灾，且延及宗庙。

缗公把这件事告诉孔子，孔子却肯定地说："不会殃及宗庙的，一定是桓公、僖公的庙。"

缗公心想，你又没有身历其境，怎敢如此肯定？一肚子的狐疑，他忍不住问道："您怎么知道不会殃及宗庙？水火无情，它会长眼睛么？"

这句话当然很不客气，孔子却正色回答说："祖先里面有功绩的尊之为祖，有德行的尊之为宗，因此立庙奉祀，以示不忘先祖之功业。鲁国的桓公、僖公并没有什么功德，他们的庙本不该留下，只因鲁公不忍废弃，所以保留至今。但是，人是拗不过天命的，我想它一定难逃天灾。不相信，您等着瞧吧。"

过了几天，鲁国又传来消息，果不出孔子所料，焚毁的正是桓公、僖公的庙。从此，缗公对孔子更加敬服。

有一天，一只隼（比鹰略小的鸟类）掉落在缗公住宅的庭院里，鸟身上带有一支箭。箭头是石头制成，箭杆长1尺8寸，是陈国从未见过的。他就这件事去请教孔子。

孔子把箭接过来，端详了一会儿，说："这只隼是很远的地

隼

方飞来的,因为这种箭是肃慎国(古代的国名,今东北的中北部)所产。当年周武王灭了商朝以后,就和各地不同的民族恢复往来,他们呈献各自的特产给周朝,肃慎呈献的就是这种石箭。

　　武王曾把这些贡品分赠给亲族及异姓诸侯。缗公的先祖虞胡公娶武王的长女大姬为后,她的嫁妆里面就有这种石箭,目的是联络感情,同时使异姓诸侯知所效忠,毋忘周朝的恩德。我想,大王的府库里一定可以找得出来的。"

　　缗公随即命人去清查府库,果然发现当年武王所赠的石箭,缗公对孔子的博学更是佩服得五体投地。

三度赴卫

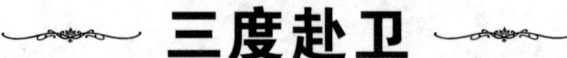

当时的陈国，处于吴、楚二强之间，这两个大国都怀有野心，因此陈国上下都惴惴不安。

孔子觉得此地身处险境，不便久留，但究竟何去何从呢？论关系，和鲁国较密切的是卫国。当年离开卫国前，好友文子将军曾坚请"必须留贤而行"。因此，孔子的弟子中，有几位被留了下来，在卫国出仕为官。

孔子很想回到卫国去看看，一则和故友叙旧，同时也想亲自了解一下弟子们在卫国的政绩。

孔子的想法得到弟子的积极响应，一行遂整装赴卫。当他们进入卫国国境，到达蒲邑（河北省长垣）时，又遇到了麻烦。

卫国的公叔氏因为卫灵公无故想废掉世子蒯聩，而公叔氏是反对南子这一党的人，他为此竭力反对，据守在蒲邑准备反抗。听说孔子又将去卫，深恐对己不利，于是出面阻止，他派了几百士兵，把孔子住的地方团团围住。

孔子的弟子公良孺素极勇敢，他以自己的私车五乘跟随着孔子，以便随时保护。他见到蒲人蛮横无理，就向孔子表示说："过去我追随夫子，曾在匡受惊，在来遇险，而今又无缘无故地被人围困，这难道是命中注定的么？与其让夫子再受侮辱，不如让我去和他们决一死战。"

孔子劝慰他说："凡事得先弄清楚，不可鲁莽。所谓先礼后兵，你先去问问他们，为什么要把我们围困在此地，然后再作计较。"

公良孺不敢违命，他仗剑走出客舍大门，怒目圆睁地大声说道："我们的夫子是鲁国的孔子，路过此地，他老人家和你们素无冤仇，你们为什么要留难他？"

士兵们见到这位威仪勇猛的人前来责问，不敢怠慢，赶忙去报告公叔氏。

公叔氏匆匆赶来，他和蔼谦恭地先自行介绍，然后解释说："只因卫灵公被女色所惑，他宠幸南子，听信谗言，企图逼亡世子，简直是灭绝天伦，我们准备集合此地的人民，兴师问罪，以保宗社。"

"我们久仰孔子是当世的圣人，他如果去帮助卫灵公，对我们就不利，故而出此下策。但我们并无加害之心，只要他答应不去卫国，我们可以马上放行，决不留难。"

这一段话，孔子在屋内听得清清楚楚，不待公良孺来回报，就遣子贡去答复说："孔子准备改道前往晋国，以报聘赵简子。"

公叔氏的为人也很机警，他要孔子立盟才肯放行。孔子把他请到客舍的大厅上，宾主坐定后，略作寒暄，孔子引入正题。他说："南子的专宠恶行，我素来十分憎厌，我如同是孤云野鹤，到处游荡。既然卫国内部起了纷争，我计划改道前往晋国以应赵简子之聘。"

公叔氏一听，满心欢喜，立刻下令解围，并亲送孔子一行走出东门。

子贡驾车，走到卫、晋分岔路口时，孔子指示他直往卫国而去。

子贡不解地问道："您不是已经答应过公叔氏了么？怎可悔约？"

孔子告诉子贡说："阻我的去路，是不仁；逼我立盟，以逞他犯上叛逆的野心，是不义。不仁不义的盟言，神人共弃，可以不必理它。"

卫灵公听说孔子又来卫国，高兴万分。他正因国内的政局不稳，为了世子的问题大伤脑筋，孔子来了，正好向他请教。

有一天，卫灵公问孔子说："我可以伐蒲么？"

孔子答道："当然可以，叛逆的臣子，应该讨伐。"

卫灵公："可是，很多臣属都不大赞成，他们认为蒲邑是我国的屏藩，派重臣驻守，防御强邻晋、楚。如果去攻伐，有把握么？"

孔子说："公叔氏既存叛逆之心，败则献蒲投晋。但蒲邑人士多半不愿归附晋国，所以，肯为公叔氏效命的，只不过寥寥之数，如今出兵讨伐，必定可操胜算。"

卫灵公点头称是，但始终不能下定决心。孔子知道卫灵公已老，不思振作，颇感失望。

有一天，孔子坐在屋子里击磬（石头制成的一种乐器）作乐。恰好有一位背着草筐的老人从门前经过，他驻足下来，侧耳倾听。孔子演奏完毕后，这位老人高声说道："这位击磬的倒是一位热心肠人，可是他太固执。从磬的声音又响又急来判断，唯恐别人不注意他似的，其实，没有人知道也就算了，何必焦灼呢？"

孔子何尝不知道这位隐士在嘲讽他？但孔子心同天地，视天下为一家，他那种匡时济世的胸怀，没有一日敢忘。他总是自强不息，一切尽人事而听天命，知其不可为而为之。他绝不消极，他不是那种无道则隐的悲观主义者。这就是他周游列国的主要动机。

卫国终于发生了政变，太子蒯聩企图刺杀南子，事情败露，逃往晋国去投奔赵简子。

卫灵公居然准备用兵作战，他想听听孔子的意见。孔子知道卫灵公已经老迈糊涂，这种家庭间的争执，何至于要大动干戈？再说，晋是个大国，没有堂堂正正的理由，怎可兴兵作战？

孔子考虑了半晌，答复他说："若是谈到祭祀天地、祖先的事，我倒是学过的。至于练兵打仗，我可不懂。"

卫灵公听了这话，当然满肚子不高兴。以后再和孔子谈论事情的时候，往往心不在焉，有时还会抬头看着天上的飞雁。孔子认为，这里不可久留了。

过晋不入

晋国的赵氏家臣佛肸，原本是中牟的邑宰，他占据了中牟，企图谋叛。他素慕孔子的大名，特地派人送来一封书信，大意是赵氏意图推翻晋室，他世代是晋民，不愿助逆犯上，故而在中牟起义，以保护晋室，恳请孔子前往相助云云。

孔子心想，我到处不得志，自己的政治理想始终未能发挥。如果佛肸是当世豪杰的话，倒可以和他共图尊周攘夷的伟大事业，因此很想前往相助。

子路看到这种情形，就对孔子说："我曾经听您说过，凡是亲身干不善的事，君子不入其党。赵简子固然有窃国的野心，但佛肸也是犯上作乱，您为什么要去帮助一个犯上的人？"

孔子对子路说道："我也曾经说过，君子坚如金石，既不能将它磨薄，也不能将它染黑，所以不管到那里，都无可无不可，我可不像一个瓠瓜，岂能挂在那里中看不中吃。"

子路仍再诤谏说："您去陈、适宋、适郑，又三次来到卫国，如此凄凄惶惶，大道终不能行，因此饥不择食，真可谓用心良苦。不过据我所知，佛肸和阳虎是同一伙人，阳虎曾在暗中教唆，这种人怎可和他共事？"

孔子说："你这话是真的么？"

子路恭敬地回道："我怎敢诳骗您呢？"

孔子就没有应佛肸之邀。

当时晋国位于山西省以及山西、河北、河南交界处，是春秋时的大国之一。

晋国本来设有六卿，同掌朝政，自从范氏、中行氏被灭后，只剩下赵、魏、韩、智四卿，各据封邑，瓜分晋地。

赵 鞅

赵简子名鞅，是四卿之一。他确实有篡夺君位的意图，一面训练士卒，厚植势力；一面诛杀贤人，以便顺利达成叛乱阴谋。首先被害的是晋国的贤人窦犨、鸣犊、舜华三人。

他也素闻孔子大名，也有纳贤之意，觉得如果再把这位名人请到腐上来，自己的大事离成功就可不远了。

孔子本来就想到晋国去一趟，恰好赵简子派人以厚礼敦聘，孔子认为亲自前往一看究竟，也未尝不可。

于是，孔子立即命子贡预作准备，又恐蘧伯玉挽留不放，乃留下书信说明原委，然后驱车而行。

中午在一处地方停下来休息的时候，巧遇弟子申绩。

孔子问他说："我早就想到晋国去看看，过去佛肸曾差专使来聘请我，听说他是个犯上的人，我生平最厌恶这种人，所以没去。如今赵简子也派人来邀请，据子路说，赵简子贪得无厌、残暴不仁，不知真相如何。你是晋国人，你倒说说看，也好让我做个参考。"

申绩回道："赵简子确有篡逆的野心，他首先翦除碍手碍脚的人物，例如窦犨、鸣犊、舜华，这些人都是晋国洁身自好的君子，赵简子未得志时，他们都曾帮助过他。赵简子得势后故意表现出礼贤下士的伪善作风，先委他们出任政事，却又处处掣肘，使他们无法达到要求、完成任务，于是就以此为借口，一一加以杀害，好像他们之死，咎不在己，这真是狠毒无比的做法。国内的人都明白实情，但谁也不敢讲话，否则就会大祸临头。老师还是不要去的好，目前他是企图利用夫子的名望以壮大他的声势，终究他是容不下贤人的。"

孔子说："这些全是实情么？"

申绩惶恐地回道："弟子怎敢欺骗您？"

孔子叹息一声，踱出旅店，走到河边，望着河里的流水叹说："浩浩荡荡的流水，多么美啊！可是，我不想渡过去了，想必是命吧！"

子贡紧随在旁，他问孔子为何兴叹？

孔子说："窦犨、鸣犊、舜华都曾帮助过赵简子，如今他竟然以怨报德。我曾听说过，如果杀害了幼小的走兽，麒麟就不肯来到那里的郊野；如果把水里的鱼虾统统捕尽，蛟龙就不肯降雨；如果捣毁了鸟巢、鸟蛋，凤凰就不肯飞来。为什么呢？这就是看到同类被害而感到伤心啊。鸟兽尚且如此，何况是我呢？"

于是，孔子中止晋国之行，回到蘧伯玉家住了一个短暂时期后又再到陈国去。

这一年夏天，卫灵公崩逝，由于太子蒯聩出亡晋国，于是由孙子辄继位，他就是卫出公。

秋天，鲁国的季桓子病危，临终前吩咐季康子说："我死以后，最好请孔子回来为相。"

季康子秉承遗命，想再邀请孔子返国。

公之鱼说："先君（指鲁昭公）任用孔子，不能有始有终，曾经被诸侯窃笑。如果现在任用他，倘若又不能有始有终，岂不是更让人笑话？"

于是，这件事暂时作罢。孔子又再去陈国，他在陈国的这段期间，经常往来于蔡国和叶邑之间。

曾经有一次，叶（河南省叶县的南面）的地方官向孔子请教为政之道。

孔子说："先让近处的人安居乐业，而远方的人就会闻风来归。"

因为当时，叶这个地方在楚国的势力范围内，但是境内有很多蔡国人，如果不能善待他们，就会引起乱事。孔子这番话，是针对当时的情势而说的。

叶公固然对孔子十分钦佩，但对孔子说的话似乎还不能彻底了解。于是他转向子路询问孔子到底是怎样的一个人。

子路觉得难以作答，就来禀告孔子。孔子对子路说道："子路啊！你何不告诉他，孔子的为人是不倦地学习，不倦地教诲别人，他发奋起来，连饭都曾忘了吃，他总是那么乐观，从来没有想到自己已经年老了。"

孔子确实是一生都保持着这样的态度。

有一次，孔子从叶城去蔡国，由于走了岔路，发现前面有条大河，河面很宽，既无桥梁，又没渡船，大家徬徨无依，不知如何是好。

孔子坐在车里，远远见到有两个农人在田里耕作，于是派遣子路去探听路径。

原来，这两个人是隐士，一个名叫长沮，另一个叫叶溺。

子路走向前去，恭恭敬敬地作了一揖，请问渡口在何处。谁知那个手拿锄头个子较高的长沮，没有直接答复子路的问话，却反过来问道："那位坐在车子里的人是谁？"

子路说："是孔子。"

"是鲁国的孔子么？"

"正是。"

"鲁国的孔子周游列国，足迹遍天下，他一定会知道渡口的。"

子路碰了一个软钉子，但又不敢发作，仍耐着性子转向站在那一头，手执钉耙的汉子——叶溺说："请问老兄，可知道这条河的渡口在哪里？"

叶溺抬起头来，对子路端详了一阵，他发问说："你是谁？"

"我名叫仲由。"

"哦，你也是孔子的弟子么？"

"是的。"

"如今的世局到处是一片荒乱，谁能改变现状呢？我看你与其跟着躲避无道、追寻有道的主人乱跑，还不如跟随我们这些不问世事的人在一起来得好。"

说完，低下头去锄草，再也不理会这个焦急问路的人。

子路垂头丧气地把这些话原原本本地告诉了孔子。孔子感慨万千，叹息着说："人，怎么可以和鸟兽同住在一起？他们这些人，只是在山林里和鸟兽往来，我可办不到。子路啊，你若不跟广大的人群在一起，去关怀他们、爱护他们，又能和谁处在一起呢？如果是天下太平的话，又何必如此凄凄惶惶地东奔西跑呢？"

"好吧，还是由你来驾车，我们就沿着河边走，迟早总会找到渡口的。"

子路遵命，继续驾车前进。果然走不到几里，就发现了一处渡口，大伙儿安然渡过了。

走不多远，子路落在后面找不到孔子，他在路上看到一个挂着拐杖，背着柳条筐的老人。子路走上前去，恭敬行礼，打听孔子的行踪。

那老人诧异地望着子路说道："从不劳动四肢，连五谷都不能分辨，还自称什么老师？"

说完，头也不回地走了。

后来，子路追上了孔子一行人，把经过告诉了孔子。

孔子说："这恐怕又是一位隐士。他人在哪里？我们追上去和他谈谈。"

可是，这位老人早已走远，不见踪影了。

陈蔡之厄

公元前489年，孔子63岁。

吴国大举攻陈，由于陈一向尊楚君为盟主，因此楚昭王亲自率军助陈反攻，驻军在城父（安徽省亳东南）。孔子听说楚昭王非常开明，有心想到楚国去走一趟，楚国也急需人才，派人来邀请孔子。

从陈国到楚国去，要经过一些吴、楚两大强国经常争夺的小国，其中有一个就是蔡国。它的国都本来在河南省的新蔡，在吴、楚争夺过程中，一度倾向吴国而迁往州来（安徽省凤台），但是有一部分人却被楚国迁到负函（河南省信阳）。如果要去楚国，就必须经过名义上属于蔡国的负函。

这一段路程正是吴、楚交兵的地带，非常危险，孔子等一行人只好冒险前进。

当陈、蔡两国知道孔子准备去投奔楚国时，他们可都着了慌。他们深恐一旦楚王重用孔子，楚国就更为富强，楚君早有王天下的野心，行将吞并各国，而陈、蔡两小国恰好首当其冲，因此必须对孔子一行力加以阻止才行。商量的结果是派出兵士去把孔子一行团团围住。他们并不想加害于孔子，只是想断了他们的粮食供应，使他们打消去楚国的念头而已。

孔子和弟子们被困在荒郊野外，粮食越来越少，由三餐改为两餐，再改为一餐，眼看就要断粮了。

弟子们饿得头晕目眩地躺在草地上叹息。孔子照常讲学、操琴、唱歌。

子路的脾气火暴，觉得有点不耐烦了，他问孔子说："请问您，君子也有穷困的时候么？"

孔子说："君子原本也有穷困的时候，但穷困中仍守本分。小人一旦穷困就会不顾一切地去为非作歹了。"

孔子又继续对弟子们解释说："《诗经》上说，不是牛也不是虎，但游荡在旷野。同样地，我们何以会在旷野受苦，你们知道么？"

子路抢着回道："也许是我们不仁，所以人们不相信我们；或者是我们无智，所以人们不能实行我们的主张。对不对？"

孔子摇摇头说："如果仁者必能见信于世，那么，伯夷、叔齐就不致饿死首阳山了。如果智者必能用行于世，那么，臣子比干就不致遭到剖心了。"顿了一顿，又再剖析说："你们要知道，遇或不遇要靠时机，君子博学深谋而怀才不遇的，多得很呢。生长在深谷的幽兰，并不因无人欣赏就不散发清香。君子修德立道，不可因穷困而败节，当年晋公子重耳困于曹卫而生霸心，越王勾践困于会稽卒能图强。"

子路默然而退。

子贡进来的时候，孔子又用同样的话问他，子贡恭敬地回答说："也许是夫子的道理太深、理想太高，所以到处不能相容。若是把它略为降低些，说不定可以行得通。"

"赐啊！你要知道，一个终年辛劳的农夫，也不能保证年年丰收，遇到天灾，他仍然无能为力。一个手艺精巧的匠人，他所制作的东西，未必每个人都合意。你不在修道方面去下工夫，却希望博得世人的欢迎，你的志气未免太小了，这是不对的。"

子贡受教后，虚心地接受，也默然退下。

接着，孔子把颜回叫进来，还是问以同样的问题。

颜回说："夫子的理想高、道理深，到处不能容纳，可是夫子还是可以努力争取。别人不相容没有关系，这正显出有道德学问的人的涵养功夫。"

"如果说，我们自己还没有把道修好，这是我们的耻辱；如果道已修好，而不能见用，那是掌理国政的人的耻辱。所以，不为世所容，绝不足以为虑。"

孔子听后，欣喜不已，对颜回大大地夸赞一番，并且把这番话转而安慰大家。

围困到第六天，存粮已经告罄，迫于无奈，只好冒险突围去求救兵了。

子贡自告奋勇愿意一试，他趁晚上昏黑之际，偷偷地潜至包围圈附近，伏下身体，细察动静。由于连续围困多日，那些兵士多已疲惫不堪，抱着戈矛蹲在草地里打瞌睡。子贡悄悄地摸了过去，轻易地穿过了封锁线。但他仍不敢怠慢，星夜赶往负函去向楚军求援。

楚军派来外援，孔子和弟子们被困在陈、蔡之间总共 7 天，这下子总算脱离了险境，而且马上被护送到了楚国。

转往楚国

黄河流域是中国的文化发源地，当时的江南地带及长江流域，仍被视为蛮夷之地。楚国虽然有强大的武力，充满新兴景象，但中原人士仍把它看作野蛮的国家。

楚昭王由于申包胥哭于秦廷，取得救兵，终能复国。他曾拒绝属下的建议，不祭河神。孔子称赞他不越祀、不媚神，认为他是有道之君，很想去见见他。

楚昭王虽在病中，却抱病出迎。他对孔子极为礼遇，经常向孔子请教为政之道，并且准备把书社地七百里封给孔子。却遭到令尹（楚国的官名）子西的妒忌。

以言语擅长的宰予

子西暗想，孔子在鲁国时出任大司寇，政绩远播，一旦楚王重用他，我将失势，我必须加以阻止。首先不使他获得封地，他没有禄养，自然不能久居，让他自动离去，这样才不露痕迹。

子西计议已定，于是向楚昭王进谏说："如果办理外交，我王的属下有人能够及得上子贡的辩才么？"

楚昭王："没有。"

子西："冲锋陷阵，勇冠三军的将才有人及得上子路么？"

楚昭王："没有。"

子西："王上的辅佐，有人及得上颜回那么优秀？"

楚昭王："也没有。"

子西："办理政事，有人及得上宰予的才干么？"

楚昭王："没有。"

子西继续鼓起他如簧之舌，说："当初我国受封的时候，仅只数十里，后来逐渐垦拓，才扩展到今天的局面，实在得来不易。"

"孔子的政治理想向来是主张遵从古制，他要重新实现周代的遗风，如果采用他的主张，我们楚国将如何维持堂堂数千里的国势？"

"从前周文王在丰、武王在镐，地仅百里，他们能够修德行仁，最后终于成就了兴周灭纣的功业。"

"如今，孔子名闻天下，他的弟子中，人才济济，文武兼备的不乏人在，一旦将封地给了他，恐怕不出多久就将……"

一向多疑的楚昭王不待他说完，就打断他的话说："我知道了，不必再说下去。"

从此孔子被冷落下来。有一天，孔子和弟子们在郊外散步时，见到一个披头散发的狂人，一面走着一面唱歌。

这个人姓陆名通，字接舆。他鉴于楚昭王政令无常，故意披头散发，佯作癫狂状态，人家都称他为楚狂。

孔子听了他的歌，心有感触，正想走过去攀谈一番，他却疯疯癫癫地一溜烟跑走了。

孔子的心情和他们有所不同。他们只求独善其身，苟全性命于乱世，清高、雅洁固然没错，但对世道、人心有何裨益呢？

孔子一生怀抱着匡时济世之心，要使天下无道变为有道，他只知爱民，而不计较个人的利害得失。孔子曾说过，"如果天下太平，他又何必如此凄凄惶惶地劳碌奔波呢？"

总结一句话，这就是"仁"。仁，是孔子理想中的做人最高准则，也是孔子思想的中心。

四度返卫

孔子弟子中在卫出仕为官的最多,孔子也把卫国视为第二故乡,他准备四度返回卫国去看看。

卫灵公已去世3年,现在由他的孙子卫出公主政。他也很盼望孔子能来协助他。

当时担任卫国蒲邑宰的子路,听说老师来到,高兴万分地前来迎接。

子路问孔子说:"如果卫君请您协助他治理国政,您首先做的是什么?"

孔子说:"第一步当然是正名号,使得职务和名义相称,名称和实际完全相符。"

子路说:"您也算得上是迂腐了。做事何必先从正名定分做起呢?"

孔子乘机教训他说:"子路啊,你怎么如此地粗鲁!你要知道,君子对于自己不明白的事,大都暂放一边,不妄加反对。你要知道,名分不正,说起话来就不能顺理。说话不顺理,事情就不能成功。做事不成功,礼乐就不能兴起来。礼乐不能兴起,刑罚就不能用得适当。刑罚不适当,人民就会因慌乱而弄得手足无措。所以,君子先定下名分,在道理上才可以说得过去。话说得过去,事情才可以办得通。君子对于自己所说的任何一句话,都不敢随便苟且的啊!"

当年子路被任命为蒲邑宰,在他赴任以前,向孔子请示施政方针。因为他过去在鲁国虽曾做过季氏的家臣,但在他国任职这还是头一遭,心中不免有几分紧张。

孔子告诉他的,只有简短的两句话:"先之,劳之。"

意思是，为政者必须先以自己做榜样，吃点苦头，才能使百姓敬服。

子路又再追问说："其次呢？"

"无倦。"

意思是，做任何事，都得有始有终，不可怠惰偷懒。

孔子知道子路的性格豪爽而急躁，所以，又再叮咛说："蒲地的人生性凶顽，你得小心注意才是。你在态度上必须谦恭谨慎，你以诚意对待他们，他们就会信服你。处事要公正、宽大，不可滥施刑罚，多关心他们的疾苦。我相信，你一定会成功的。勉之，勉之。"

子路谨记老师要多多关心民间疾苦的言论。因此，到任以后他首先赴各地视察。他发现该地经常有水患，于是，决定先修水利。

他和老百姓一起工作，早出晚归，比一般老百姓更勤勉、更辛苦。而且还自掏腰包去慰劳他们，百姓们都感激不尽，个个奋勇尽力，丝毫不懈怠。

孔子听到这件事，就派人去通知他，说他处理得不当。

子路一肚子的怨气。心想，我自己和百姓们一块儿工作，已经够辛苦的了。我看到百姓们饿着肚子抢修堤防，就自掏腰包让他们吃饱了，才有气力工作。却不料，老师反认为处理不当，我真百思不解，必须去问个明白。

当他见着孔子，孔子早已知道他的来意，还没等他开口，就和蔼地对他说："你心里有疑问，我知道。我并不是说你兴修水利有什么不对，而是说，百姓们为了预防灾害而从事于地方建设，不能让他们饿着肚子工作，你应该向上面报告。上面会通知下来，将谷仓中的米谷分发给工作的人，表示为政者也重视这件事。

"可是，你现在的做法等于是说，君主不仁，只有你才是仁慈的圣人。万一有人向君主进谗，说你是沽名钓誉，甚至诬陷你争取民心，图谋不轨，那就危险了，你懂么？"

"原来如此，为政还真不易呢！感谢老师的指点，我已经懂了。"

这一次，孔子再来卫国，子路就邀请孔子到蒲邑去看看，以便再听取老师的指示和教诲。

孔子命子贡驾车，前往蒲邑。一路上只见河流畅通，道路平整，四通八达。

孔子不觉赞叹着说："子路一定很勤谨而得人和。"

车子进入蒲城时，孔子又夸奖说："子路做事，既切实又宽厚。"

车子到达子路住宅的庭院时，孔子又说："子路管理有方，临事勇断。"

子贡听到孔子连续不断地夸奖，心中不免有点疑惑。他说："您还没有听到子路的报告，就连连赞叹不止，可否请您说一说您的观感？"

孔子微笑一下说道："我们一路走来，看到阡陌分明，毫不凌乱，而且河流、沟渠畅通，道路平整而四通八达，可见得子路做事谨慎勤勉，深得人心。进得城来，看到城墙及各项建筑都很坚实，林木也很茂盛，这表示子路做事切实宽厚，不做表面文章，虚应了事。最后看到他住的庭院，整洁、静肃；仆人们礼貌周到，殷勤接待，可见他管理有方，临事勇断。这样可观的成绩还不值得夸奖么？"

孔子从不轻易夸赞别人的，尤其是自己的弟子。恭立一旁的子路听了孔子这席话，感动得热泪盈眶。因为，平时挨骂最多的就是他。

倦游归鲁

现在再来叙述鲁国的情况。

从前,在鲁国的北方有一个强大的齐国在威胁着他们,现在南方又多了一个吴国。

吴国,在周朝初年泰伯居于此,位于江苏省无锡。传到梦寿时称王(公元前585年),国境日益拓展,包括淮、泗以南至浙江省嘉湖。传至夫差时,为越国所灭(公元前475年)。

当时的吴国和楚国同被中原人士视为蛮夷之邦。

本来,中原各国的诸侯曾有约定,如果没有堂堂正正的理由,是不能互相侵犯的。

可是,被视为蛮夷之邦的南方新兴国家,例如吴、楚等国,他们却不理这一套,只要能开疆拓土,管什么约定不约定。

其中最蛮横的就是吴国,经常以武力侵略邻近小国。不但如此,甚至还想称霸中原。

当年,齐景公和鲁国会盟于夹谷,就是因为生怕吴、鲁结盟而威胁到齐国。

如今,吴国已经吞并了鲁国南方的一些小国,正企图用合纵连横的策略达到他称霸中原,取得盟主地位的终极目标。

当时的局势日益紧张,在这种险恶的情况下,各国为了应付当前危机,都急于征聘人才,以图富强而捍卫国土。孔子的弟子多半被各国礼聘而去。

孔子的弟子受教于孔子,都想实现孔子的政治理想。因此,也都全力以赴,这些人有文,有武,也有文武兼备的人才。

孔子自身由于年龄一天天老迈,已不想出来做官。他以在野身份协助弟子们从政,做他们的精神支柱。

孔子的弟子——有若

公元前494年,吴王夫差打败越王勾践于夫椒,吴国的势力越发扩张,鲁国已经深受威胁。 鲁哀公7年时,吴国和鲁国在郎城(山东省峄县)举行会谈。 吴国强行要求鲁国以百头牛、羊、猪作为献礼,这是超越了当时礼制规定的数字,鲁国慑于吴国的威势,只好如数奉上。

吴国又要求季康子亲往吴国去谈判,季康子深恐前往受辱,幸亏借用了辩才无碍的子贡去交涉,才获得外交上的胜利,总算把事情应付过去。

第二年,吴国出兵攻鲁,幸有700名英勇武士拼死抵抗,吴国只好退兵。 孔子的弟子有若曾经参加了这次战役,建立了不少功劳。

这时候,阳虎在晋国企图帮助卫国的流亡太子蒯聩回国继位,他本想出兵伐卫,但又顾及鲁、卫是兄弟之国,倘若出兵伐卫,鲁必前来相救。 后来,他心生一计,齐、鲁本是世仇,现在可以游说齐君索回汶阳之田。 如果鲁国不答应,就出兵去讨伐。

齐简公果然被说动，派使臣去鲁国索要汶阳之田；鲁国自然不答应。于是，齐简公命国书为大将军，高无平、宗楼为副，率领兵车1000乘向鲁国进发，直到汶水扎营，并派人去下战书。

汶 水

季康子马上召请冉有来商量对策。

冉有说："国难当前，我愿率军出战。另外再派伯牛去通知仍在卫国的孔子，请他从旁协助，以解鲁危。"

季康子非常高兴，立即任命冉有为左大将军出发御敌，派樊迟为车右。

樊迟也是孔子的弟子。他精通战略，尤其精于箭术，几乎百发百中，所以冉有让他为车右，合力抗齐。

大军浩浩荡荡开到汶水，渡河命令一下，士兵们个个奋勇争先，誓死保卫疆土。

冉有亲率大军，以迅雷不及掩耳之势直捣敌营。齐军措手不及，只落得弃甲丢兵而逃，冉有紧追不舍直到数十里外，才鸣金收兵。

齐国的国书，本不是什么名将，经此一战，溃不成军，早已吓破了胆，赶紧收拾残军并派人返国告急。

这时候，孔子也已得到消息，派遣子贡到齐国去向权臣陈恒游说，希望他能罢兵休战。

陈恒的内心本来也就希望国书战败，好趁机削弱他的势力，子贡既来劝他罢兵，正好趁此收场，于是一面奏请齐君下令撤回军队，一面遣使到鲁国去重修旧好。

当冉有班师回都时，季康子亲迎于郊外，两人执手庆祝，并设宴庆功。

酒过三巡，季康子满面笑容地问冉有说："恭贺你旗开得胜，但不知你这种军事才能是无师自通，出自天性呢？还是学来的？"

冉有答道："是向孔子学的。"

"孔子怎懂得军旅之事？"季康子有些惊讶。

冉有说："孔子是无所不晓的学者，文武均通。我只不过学得一些战法而已，至于韬略还谈不上呢。"

季康子除了欣赏冉有那种功高不居的谦逊态度外，对孔子也格外地钦敬和仰慕。

这场战事是鲁哀公11年（公元前484年）发生的，孔子时年68岁。

季康子一心想请孔子回国，他和冉有商议说："我想邀请孔子回国，你以为如何？"

冉有说："多年前，夫子任大司寇时的政绩，想必您也略有所闻。如想请他老人家回国，万万不可以一般人的态度对待他，否则，再多的俸禄他也不会接受的。而且要有始有终，不能听信小人的话，不能冷淡他而受诸侯的窃笑。"

季康子说："我知道了。"

且说卫国的孔文子（孔叔圉）和孔子本是旧交。孔子一直认为他是一位贤人，每次来到卫国，必定会去看他，也常常住在

为季氏宰的冉求

他家里。

这一年，文子家里正在闹家务纠纷，文子计划要杀害他的女婿，他向孔子请教，并请孔子帮忙。

孔子大感意外，深悔过去看走了眼。他回答文子说，家务纠纷，外人无法置喙。

孔子叹息着说："鸟类能够选择栖息的树木，树木岂能选择鸟类？"

文子看出孔子已有离开卫国的意思，赶忙向他致歉说："我之所以一再坚留，并非是为了我自己，而是希望您能协助年幼的卫出公，这完全是为国家着想，请不要因为我家的私事而愤而离开。"

孔子被他这么一说，倒有点左右为难，幸亏鲁国使臣来到，才替孔子解决了这个难题。

当年在鲁国国内，最反对孔子的是公宾、公华、公林三个人。这次季康子奏明鲁哀公要重用孔子，为了表示诚意起见，

68 岁时的孔子

鲁哀公特地命令他们三个人带着厚礼前往邀请。

孔子正好借这个借口摆脱文子的苦缠，毅然返回已经离开 14 年的鲁国。

一些在卫国从政的弟子，听说夫子即将束装归国，也都纷纷弃官相随。

孔子对鲁哀公和季康子的为人早有印象，他们的邀请虽然情意恳切，但孔子的心里并未寄予太大的期望。

不过，一别故乡已有 14 年之久，如今能有机会回去一趟，仍然掩不住内心的兴奋，他已决心结束流浪的生涯了。

公元前 484 年，也就是鲁哀公 11 年的秋天，孔子返回阔别已久的故乡，一路上感触万分。

孔子回想这 14 年间，辗转于各地，接触到各种各样的人物，也遇到几次意外的惊险。而自己的政治抱负始终未能有所

施展，甚至遭受猜忌，险遭杀害，流落到郑国时还被喻为丧家之犬。

至于那些自命清高的隐士们，他们歌咏、嘲讽，如今想想，倒还蛮有人情味，不由得感到惋惜。

将届古稀之年的孔子，他的政治见解早已成熟，对政治生涯也看得很淡，他觉得不朽的事业仍以教育为先。

想着，想着，已经抵达曲阜郊外，弟子冉有等人早就等候多时。

对一般百姓来说，孔子终于返国，使他们雀跃不已。当年孔子任大司寇时的政绩，他们记忆犹新，一致认为今后又可重见政和邦宁的安乐日子了。

至于鲁哀公和季康子他们又是怎么想呢？目前北有世仇的齐国，南有新兴的吴国，一南一北，虎视眈眈。鲁国处在两强之间，而国内政纲废弛，国力日弱。尤其是与各国间的外交更是一个难题。为了应付客观局势的需要，有时不得不和一些国家缔结密约以暂保平静。可是，万一实情暴露，难免不受责难，尤其是虎狼般的强国们更是得罪不起。

他们认为孔子在各国游历多年，对各国的政情必然有深入的了解，他必能对这个棘手的难题提供宝贵的意见。

鲁哀公和季康子的想法均认为孔子可以用来咨询，但不准备让他实际秉政。

鲁哀公第一天接见孔子的时候，开头一句就问孔子说："请您告诉我一些为政的道理。"

孔子答道："很简单，用人的时候，必须加以选择。选用优良的官吏，政治必然会上轨道。"

话虽然简单，但却语意深长。

有一次，季康子向孔子问政。

孔子说："选用正直的人，摒弃邪恶的人，百姓自然会服从。如果在上的人都是正直之士的话，那么在下的受到感化，也都会变得正直了。"

季康子鉴于窃盗案件日增，就这件事请教孔子。

孔子干脆坦白地告诉他说："遏阻盗风的首要之途是无欲、戒贪，只要自己不贪得无厌，即使你奖赏别人去盗窃，他也不会干的。"

季康子想用重刑来改变社会风气，孔子不客气地说道："在上的人，决心为善为正，做一个好榜样，人民就可安居乐业，风气淳朴，社会安定。居上位的好比是风，下面的百姓好比是草，风吹到草上，草就会顺势弯倒下去。只要在上的好德乐善，老百姓还会做坏事么？"

孔子对鲁哀公和季康子直言诤谏，毫不掩饰。因为他看到鲁哀公不能选贤与能，不能远离奸臣，所以劝他要慎重择人。至于季康子，孔子早就知道他处事不公，自己又贪得无厌，不能为民表率，所以毫不客气地当面指责他的错误。季康子每次去见孔子，听到的全是逆耳的忠言，心里很不是滋味。之后，除非万不得已，他很少去亲近孔子。孔子并不热意于仕途，对这件事也就淡然置之。

季康子生性极贪，恣意剥削人民，广积不义之财。由于挥霍无度，入不敷出，他以解决国家财政困难为由，企图增加田赋。他想请教孔子，如果孔子认为可行，那么，他就不必背上什么恶名，一切责任都可以转嫁到孔子的身上去。

季康子心里这样盘算，但又不敢亲自去见孔子。他想到一个好主意——让冉有出面，因为他是孔门弟子，也是自己的家臣，由他出面去请孔子发表意见最为妥善。他编了一套冠冕堂皇的理由，让冉有据此去试探孔子的反应。

孔子想起自己初次担任官吏时的种种，他知道老百姓一年到头胼手胝足地辛劳，不遇荒年还好，万一遇到荒年，真是苦不堪言。靠天吃饭的人民已经够值得同情了，怎能再增加他们的负担？何况并非真正是国家需要，只是为了填补私人的欲壑。所以，孔子根本就不赞成。

冉有往返跑了三趟，孔子总是一语不发，对这种无言的抗议，季康子应该死了这条心才对。但他仍旧再三打发冉有去试探。

最后，孔子觉得不耐烦了，他对冉有说："你是我的弟子，你明知季康子是假公济私，怎可帮他搜刮？"

冉有在老师面前不敢再说假话，只好坦承说："弟子在季氏手下做事。他命令我这么做，我不好不从。"

孔子说："若要赋税公平，可以参考周公所定的税则，以圣王的法制为依归，总不会错的。"

事后，孔子痛心地说："冉有没有资格做我的门徒，弟子们，你们可以声讨他的罪恶，尽量发话攻击。"

春秋时，鲁国有一个小小的附庸国，名叫颛臾（故城在山东费县西北），季康子准备去攻打它。

子路和冉有都是季氏的家臣，赶快跑来告诉孔子。孔子责备冉有说："是你策动的吧？"

冉有向孔子请教攻打颛臾一事

冉有赶紧否认说:"完全是季康子的主意,我们两人都不赞成。"

孔子说:"先王封颛臾为东蒙山的主祭者,一向是鲁国的臣属。如今的鲁国邦域被三家瓜分,季氏独得两份,叔氏和孟氏各取一份,只剩下颛臾还算是公臣,竟还不放过它,季氏实在太过分了!"

"你们两人深受季氏的器重,为何不力加劝谏?谏而不听,就当离去。周任曾经说过一句话:'权衡一下自己的力量,然后才去做。干不了,就不干。'"

"譬如替一个盲人引路,眼看他有危险,却不去帮助他;眼看他将跌倒,却不去扶持他。那么,何必替他去引路?"

"我觉得你们没有尽到责任。好比说,老虎逃出了笼,珠宝箱的美玉都碎了,难道说,看管的人没有责任么?"

冉有却还辩解说:"颛臾的城堡极为坚固,而且靠近季氏的费城,如果现在不把它取下,将来可能终为大患。"

孔子乘机教训他说:"一个国家,不怕财富少,只怕不均;不怕人少,只怕社会不安。如果分配平均,就不会有贫困现象;如果大家和睦相处,就不怕人民缺少。社会安定以后,政权才能稳固。"

"假如远方的人仍有不顺服的话,就以文化道德来感召,他们自然会被吸收过来。"

"你辅助季康子多年,却不能使境内人民生活安定,不能吸引远人来归,反而动起干戈。我生怕季氏的忧患不在颛臾而是在内部呢。"

鲁哀公14年,齐君被弑的消息传到鲁国,又激发起孔子的正义感。在齐景公时代,齐国的田常(原是陈国的贵族,逃亡齐国后改姓田氏)自从晏婴死后便想谋叛,篡夺君位,但是手中没有兵权,又惮于高、鲍两位重臣的威势,不敢轻举妄动。

他终于找个借口,劝齐景公伐鲁。齐景公准奏,命他训练军队,后来由于子贡的游说才未伐鲁,但他已兵权在握,种下了祸根。

齐景公死后，三传至简公。简公过去曾经一度亡命于鲁，国内的实权都操之于田氏之手。当时简公的一名部下宰予（字子我）深受器重，简公返国继位后，就想把政权从田常的手中夺回来交给子我。他们彼此之间的冲突愈来愈表面化。

简公准备先发制人，下令子我率军讨伐田常，却不料事先被田常获悉，索性提前下手刺杀了简公，立简公的弟弟平公为主。田常为宰相，继续掌握实权。

孔子生平最痛恨的就是叛臣、逆子。他虽然久已不问朝政，此时却按捺不住。他斋戒沐浴后，郑重其事地奏请鲁哀公出兵去惩治这个弑君的叛逆。

鲁哀公不像孔子那么富有正义感，而以利害得失为前提，他考虑良久，找一个借口说："齐国强大，我们弱小，以弱攻强，有把握么？"

孔子回答道："鲁与齐国情谊深远，田常弑君，大逆不道，

孔子之孙子思

出兵讨伐名正言顺。再说，齐国自齐景公以后，被弑的已有三人，目前举国愤怨，情势极为紊乱，附和叛臣的只是少数。我们以堂堂之师前往征讨，必可获得齐国正义人士的跟随，胜负之数，不言可知。"

鲁哀公始终拿不定主意，何况实权都操在三桓之手，尤以季氏的势力最强。于是他敷衍着说："这件事牵涉颇广，最好和季康子商量后再作决定。"

孔子退出以后，叹息着说："我曾做过鲁大夫，遇到这种事，我不能不说。但鲁哀公不能做主，反要取决于季氏，真是可叹！"

孔子本不愿去见季康子，但责任在身不容推卸，只好硬着头皮去找季康子。

季康子自己也是一个目无君上的权臣，而且他和田氏还有私谊，当然不肯赞同孔子的主张，但又不好露骨反对。因此，他以另一个理由婉拒了孔子的建议。他说："田氏杀了齐君，随即立他的弟弟继位，情尚可恕。再说，他们国内政治上的纷

《中庸》

争，外人似乎不便干涉，不知道意下如何？"

孔子已经看穿季康子的用心，知道事不可为，也就不再多说，愤然告别而去。伐齐的事，就此被搁置不提了。

孔子倦游归鲁，虽不愿出仕为官，但仍想以在野之身匡君救民，协助弟子从政。现在见到鲁哀公懦弱无能，实权仍操于三桓之手，而以季氏最为跋扈。孔子眼见如此情势，愈加心灰意冷，准备以此余年，将全副精神致力于教育事业，他把希望寄托于下一代的身上。

这段期间发生了几件令他悲痛欲绝的不幸事件。

鲁哀公13年，孔子70岁的时候，孔子的独子伯鱼去世，享年50岁。伯鱼生下一个儿子名叫孔伋，字子思。子思后来受学于曾子，也是著名的学者，被尊称为述圣。《中庸》就是子思所作。

三年前，在孔子还没有返回鲁国的时候，他的夫人亓官氏病逝。老年丧妻又丧子，终究是人间伤心事。

孔子有异母姐九人，都没有记载留传下来。孔子的异母哥哥伯尼生有一男一女，男的名孔忠，字子蔑，也是孔子的弟子之一，后来在鲁国任官。女的由孔子择配，嫁给他的弟子南容。因为南容为人谨慎，所以孔子就把侄女嫁给了他。

孔子自己除了独子伯鱼外，还生有两个女儿。一个幼年夭折；另一个嫁给自己的弟子公冶长。

箪瓢陋巷不改其乐的颜回

又过了1年,孔子71岁时,他最得意的弟子颜回也去世了。

颜回,字子渊,亦称颜渊。他敏而好学,能闻一知十,从来不迁怒,不贰过,孔子最器重他。

颜回很穷,住在僻陋的巷子里,吃的是粗茶淡饭,喝的是一瓢清水,换了别人愁都愁死了,可是他却依然快快乐乐地勤学不辍。孔子曾赞赏说:"颜回太好了!"

然而,有一天,颜回陪孔子游泰山,回来不久就得了病,而且一天天加重,不到半个月就死了。孔子听到消息后,大喊"老天爷要我的命啦!"接着放声痛哭。

"复圣"颜回庙的牌坊

有人在旁边劝慰说:"请别过分哀恸,有伤身体。"孔子噙着眼泪说道:"哀恸么?我竟忘了自己。我不哀恸他,哀恸谁?"颜回的父亲颜路想把死去的儿子葬得体面点,但是家里很穷,就跟孔子商量,希望把孔子的车卖了,去换一副套棺。孔子觉得很为难,因为按照古礼,大夫的车子是君主所赐,不能随

便变卖。同时,大夫年老的时候必须有车子代步,不能步行。于是,只好直率地告诉颜路说:"除非是公侯卿相,否则不能棺椁并用。我儿子死的时候,也只是一层棺而没有椁,这是没法子的事!"

孔子的其他弟子也想厚葬颜回,但孔子认为哀悼一个人,不在表面,所以他没有答应。不过,大家还是设法募集到钱,厚葬了颜回。孔子事后叹息着说:"颜回待我如父亲,我却没能待他如儿子,使他葬得不合礼法,这是弟子们干的,我可做不了主。"

再过1年,子路死在卫国的任内,事情的经过是这样的。

当年,卫国的太子蒯聩看不惯南子的淫乱作风,准备杀死她,不料事机不密,没有达到目的,只好逃亡到晋国去,卫灵公就让他的孙子继位,他就是卫出公。

卫出公在位12年后,父亲蒯聩企图返国夺位。他起初请赵鞅出兵相助,赵鞅没有答应。他就改变计划,派一名心腹回国去向孔悝的母亲求情。

孔悝是卫国的一位贵族,他的母亲也就是蒯聩的姐姐,在丈夫去世以后,她和丈夫的一个部下名叫浑良夫的私通。浑良夫生得身长貌美,两人热情如火,孔姬大小事情都和他商量,于是,就派他到晋国去一探究竟。

蒯聩知道他是姐姐的情人,表示愿意支持他俩的爱情,而且答应在事成之后许以重酬。

浑良夫得到如此承诺以后,欣喜万状,立刻回国向孔姬报告,他说:"蒯聩亲口答应我,一旦他回国夺位成功,我俩的好事可成,再没有人敢讲话了。目前他所顾忌的只是孔悝的反对,他是你的儿子,你以母命叫他迎接舅舅返国,他敢不依么?"

孔姬说:"蒯聩是我的弟弟,卫出公是我的内侄,还不都是一家人?何必多此一举?"

浑良夫提醒她说:"你要知道,以目前的情况,我只是你们

卫国故城示意图

家的小小家臣，既无地位，又没财势。而且我俩的关系只能偷偷摸摸，如果换上蒯聩，情况可就不一样了。你只为自己着想，就不为我想想么？"

孔姬被他说得无言以对，就这样，他俩成了蒯聩的内应。

在浑良夫的巧妙安排下，蒯聩悄然地潜返卫国，住在他姐姐家里。

傍晚孔悝回到家里，刚准备休息却被母亲叫了去。她说："悝儿，我问你。父母两族中，谁是至亲？"

孔悝垂手恭立，答道："叔伯是父系直属血亲，舅氏是母系属血亲。"

孔姬说："你既然知道舅氏是母系至亲，为什么不拥立我的弟弟？"

孔悝答称："废子立孙是先君的遗命，我们做臣属的，怎敢不从？"

其实，母亲和浑良夫的暧昧关系，他早就察觉出来，而且浑良夫偷偷前往晋国去会晤蒯聩，他也略有所闻，只是做晚辈的不便公然指出来，给他们留一点面子而已。如今听到母亲话中有

话，就推说腹痛要去如厕，准备开溜。

浑良夫这伙人早有安排，在孔宅四周埋伏了不少武士听候使唤。他们早已准备好盟誓所需的一切，临时买不到牛，就宰了一头猪，将猪血放在一个器皿中备用。

当孔悝从厕所出来，浑良夫命两名武士不由分说，将孔悝挟持到大厅上。这时候，蒯聩站立大厅中央，母亲站在他右边，孔悝被押进来以后，母亲厉声喝道："舅父在此，为何不拜？"

孔悝无奈，只好跪拜下去。蒯聩笑容满面地亲手过去搀扶。

孔姬改以柔声对儿子说道："君位本该是你舅舅的，竟被逼至出亡他国。这件事是举世共谅，偏偏不见谅于自己的外甥。我和他是同胞手足，不忍坐视，所以迎他回国继位。悝儿掌握大权，一言可以定国，拥戴你舅舅复位才是忠孝两全的贤臣，你说是不是？"

在这种情况之下，似乎已经没有选择的余地。他被逼不过，只好回答说："母命不敢不从。"

于是，由仆人捧来猪血，命孔悝和舅舅滴血定盟。

当晚，由浑良夫率领武士连夜进袭王宫。卫出公命人召孔悝来保驾，回报说，来袭的正是孔家的人，口称奉太子之命来捉拿逆子。卫出公大惊失色，他叫人传话说子不与父争，愿意退让。一面收拾宫中财物，装载了两车，趁月色昏暗从宫中逃出，直奔鲁国去了。

子路当时是在孔悝的手下为官，政变发生时，子路正好因事出差，他听到消息立刻赶了回来，已经是一片混乱，孔悝已被劫持，他一心想救出孔悝，却被蒯聩派了两名武将拦住他的去路。

子路毫不畏怯，奋力向前，无奈对方人多势众，而且又是使用长兵器，子路仅凭一支佩剑，虽然刺杀了几名敌兵，终究是处于劣势。一不留神，头上的帽缨被对方的长戟挑断，而且已经满身是伤。

他掷剑大呼说："大丈夫死不免冠，容我把帽子戴正。"

孔悝在里面高声喝道:"不得伤害子路。"可是在乱军中,怎能由他做主。

话声传来,子路已被一班乱军砍成肉酱了。

孔子听说卫国发生了政变,他叹息着说:"子羔(在卫国任官的另一弟子)还可以平安回来,子路却一定是牺牲了!"

果不出所料,子羔狼狈地逃了回来,孔子询及子路殉难时的情况,不禁泪如雨下。

自己的独子以及两位心爱的门生都先他而死,怎不令他悲恸?凄凉的晚年,现在只有子贡、子夏、曾子等这班较为年轻的弟子在身边了。

万世师表

执德不弘，信道不笃，焉能为有，焉能为亡。

——孔子

制礼乐,作《春秋》

孔子时代,周室衰微,诗书缺、礼乐废,因此,他的晚年,除了教育弟子外,就利用空暇时间整理古时候的诗书。他将3000多篇诗歌加以整理,这就是流传到今天的《诗经》。

孔子的晚年还尤其喜欢《易经》,简直爱不释手。易经具有天道、人生的哲理。他曾叹息着说道:"假如老天爷再加我几岁年纪,用来研究《易经》,便不致有大过失了!"旧说《易

《易经》

经》是伏羲、文王、孔子所作，即伏羲制卦、文王系辞、孔子作十翼。孔子所作十翼，是用以传经义者，故亦曰传。孔子是位伟大的人文主义者，他对易的阐发全在人生哲理上，使它由卜筮的书籍一变而为含义深远的哲理了。秦始皇焚毁诗书百家时，由于《周易》被认为是卜筮的书，因而得以保存下来，未曾遭受焚毁的厄运。

秦始皇焚毁诗书百家

孔子除了整理诗篇、作十翼外，并定礼乐。孔子以诗书礼乐教授弟子。据说先后受教的弟子共达3000人，其中身通六艺者72人。

孔子曾经和鲁国的乐官谈论乐的问题。孔子说："音乐的演奏，其声音节奏的全部过程是可以知道的。一开始，各种乐器一起演奏，接着放开音量，使清浊高下互相和谐，宫是宫，商是商，不相混乱而节奏分明地连续不绝，直到一支乐曲的终了。"

孔子的人格修养经过长时期的磨炼，已经成为当代的圣人。他在自己的乡里与人相处时，态度温和恭顺，一副笃实缄默的样子，好像不大会讲话似的。但在礼法所在的宗庙里，或是决定政事的朝廷上，却要详详细细地问，明明白白地解说，丝毫都不含糊，但发言总是很谨慎。

孔子在朝廷上和下大夫交谈时，态度和蔼而刚直。和上大夫交谈时，中正适度，在和悦中带着不可侵犯的样子。

当国君临朝时，他则恭恭敬敬，威仪适当而合礼。

在日常生活上，孔子是食不厌精，脍不厌细。因为米饭是养生的必需品，所以不厌其精白；鱼肉类切得太大，难以咀嚼，不合卫生，所以不厌其细。饭太热太湿的不吃；鱼肉变了味或腐败的不吃；食物的颜色跟平常不一样的不吃；有怪味恶臭的不吃；烹调失宜、不生不熟的不吃；不是三餐正常的时间不吃。纵使肉类很多，也不超过平时的食量。喝酒虽没有定量，但以不醉为原则。街上买来现成的酒菜可能不卫生、不干净，所以也不吃。姜能除秽恶，驱风寒，所以经常准备着，饭后也不撤去。不管吃任何东西都保持定量，决不多食。

祭礼后，分配到的肉马上分送给别人，不会留到隔宿，怕它会腐败而有碍健康。

孔子在吃饭的时候决不说话，睡觉的时候也是如此，必须保持肃静。

虽然是粗饭、菜汤，也必会取一点祭祀先人，而且态度恭敬严肃。

遇到有朋友死亡，如果没有家属亲人料理丧葬事宜时，孔子就主动地负起殡葬的责任。

朋友有所馈赠时，除非是祭肉，否则即便是贵重的车马也不拜受，这表示敬重朋友的祖先。

孔子睡眠时不挺直四肢仰卧像尸体似的。平时在家时，不故意装出肃穆的仪容，态度上也很随和。

看到穿着丧服的人，即使是平素很亲近的熟人，也必变容表示哀悼。遇见戴着礼帽的大夫或是瞎了眼的盲人，虽然是经常见面，但仍然以礼相待。

有时候坐车子外出时,上车前必端正站立,手拉上车的绳索。坐进车子以后不回头看,不高声说话,也不向窗外指指点点。如果在路上遇到穿丧服的人,总要站起身来,手扶车上的横木弯身致敬。

这就是万世师表,伟大圣人的生活态度。鲁哀公14年,孔子71岁的那一年冬天,鲁哀公要到大野(又名巨野,今山东省巨野北)去狩猎。

当时,国君狩猎也算是一桩大事,非常地隆重,大夫和贵族们都得参加,孔子也在被邀请之列。

大野是个沼泽地区,各种鸟兽非常之多。君臣等在傍晚时,已经猎得不少鸟兽,鲁哀公极为高兴。不久叔孙氏策马奔来,报告说,他的手下猎得一头怪兽,从未见过,不知道它的名称。鲁哀公命人将那头怪兽抬来,只见它的形状大致有点像鹿,但比鹿要大得多。尾巴像牛,蹄又像马,头上生了一个角,背部的毛五彩缤纷,腹部是淡黄色。大家看了啧啧称奇,却没有一个认识,谁都说不出它的名字。

季孙氏认为,出现了怪物是不祥的征兆。

传说中的麒麟

鲁哀公却不这么想，他认为或许那是祥瑞的象征，于是立刻吩咐人去把孔子请来。孔子正准备着和几个弟子回城，听到鲁哀公召请，就赶忙前往。

只见一群人围在那里，七嘴八舌地议论纷纷。鲁哀公见孔子来到，命众人让开，让孔子去辨认这头怪兽。

孔子一看，不觉大惊，他启奏鲁哀公说："这是麒麟。"

鲁哀公听说是麒麟，心想，它是吉祥之物，可惜已经死了，要不然带回宫中豢养以供玩赏，那该多好。

且说孔子见到这只被杀的麒麟后，先是一惊，继而悲从中来。当他辞过鲁哀公，转身返回自己的座车时，禁不住以袖拭泪，叹息着说："吾道穷矣！"

随侍在侧的子贡，看到孔子如此地哀伤，不禁感到惶惑不解，他说："我听说麒麟是一种仁兽，它的出现正是祥瑞之兆，您为什么反而如此忧伤？"

孔子告诉他说："你怎么不想想，麒麟固然是仁兽，它的出现，一定是明君在位。帝尧时代，麒麟出现于郊外，百姓不敢伤害它。周朝的时候，凤凰鸣于岐山。这些都是在圣明之世才会出现，否则就隐匿不出。如今并无明君，它却出现了，难怪会死于佣仆之手，怎不令人慨叹？"

子贡又问道："您因麒麟之死，而自叹道穷，这又是什么缘故呢？"孔子又叹一声，说道："我好比是麒麟，出现得不是时候，因而遭害。所以，我的道也将穷尽，没有人知道我了。"

子贡说："怎么说没有人知道您呢？"

孔子说："我不能见用于世，但不怨恨天，也不怪任何人，只是专心学习人事，从浅近处下工夫，渐渐领悟到天理，天总会知道我的。"

在这以前，孔于作《春秋》，《春秋》一书主要记录鲁国的历史，上自鲁隐公元年（公元前722年），下至鲁哀公十四年（公元前481年），这是一部经历12君主，共计242年的史实，孔子把它翔实地一一记录下来。

孔子的时代，历史文献的保存不足是一个严重问题。他曾说过："夏代的礼制，我还能说出一个大概来，可惜夏的后代杞国所保存的文献太少，已经没法考证了。殷商的礼制，我也可以随便说出一个大概，可惜商的后代宋国所陈存的文献太少，已经没法考证了。如果两国的典籍、人物都充足，就能证实我所说的一切了。"

孔子出生的时代，周的文献是很丰富的。他曾说："周代文化继承夏、殷两代，所以更为完备而灿烂，我敬佩周公。"

在孔子看来，周公是周代文化的奠基人，他一直想做周公第二，并一直认为历史发展是有规律可循的，因此，自信已经具有一套政治及文化建设的蓝图。孔子曾说过："如果齐国能够实施变革，就可达到鲁国的程度；鲁国如果再实施变革，就可达到近乎理想的王道境界了。"

孔子认为齐国是太公之后，自从齐桓公称霸以来，在政治上就日渐走上急功利、喜奸好诈之途。鲁国是周公之后，虽然逐渐衰弱，但是重礼教、崇信义的优良传统作风仍胜过其他各国。不但是齐、鲁两国大有可为，即使其他国家，不论大小，哪怕小至百里之地仍然有望，问题只是肯为与不肯为而已。这就是孔子耗费了14年的光阴，仆仆风尘奔走于各国，希望自己的理想能实现的主要原因。

结果是曲高和寡，到处不能见容，于是孔子只好回到故乡来教育弟子，从事著述。

孔子出生的时代，周室逐渐衰微，圣贤之道不彰，天下一片混乱。家臣杀主、大夫篡君、权臣专横、武将跋扈已是司空见惯。至于一般的老百姓，赋税既重，还得常常为贵族服劳役，或被征出战，万一遇到水、旱天灾，更是求告无门，苦不堪言。

一向具有悲悯胸怀的孔子，以天下为己任，他希望改革政治，在上者清廉自持，爱护人民，善待百姓。一般人民则知廉耻、重信义，守法安分，共享安康，这是孔子周游列国的另一项因素。

他的政治理想既不能实现于天下，于是倦游回鲁，从事教育与著述生涯。 而鲁国内部依然混乱如麻。 庙堂上仍然是君主懦弱、权臣嚣张，痛心之余，孔子便着手写《春秋》。

孔子把他的一套"王道"理想寄托于这本著作中。 例如，吴、楚两国皆属蛮夷之邦，却自称为"王"，在《春秋》里，孔子把他们贬称为"子"。 又如晋国曾把周天子叫了去，这是僭乱行为，他没有照写。 如果照写，不仅损害了天子的尊严，也就表示没有是非公道可言。 强权如能操纵一切，便可任意非为，天下将永无安宁之日了。

在政治上或社会里，应该有一套合理的规则，这种规则是基于人性和道德予以制定的，决不能由强权自行决定。 周天子虽无实权，但名分上毕竟是天子。 这种名分大义，不容不遵守。

所以，《春秋》不尽是客观的事实记录，而是有它一套主观的立场。 凡是值得鼓励的，竭力予以宣扬；至于乱臣贼子们则予以笔伐。

《春秋》是中国保存下来最早的一部史书，也是世界上最早的编年史。 有关历史事件、天文景象（日食、月食等）等发生的年、月、日都有明确的记载。 它最大的特点是没有浓厚的神话色彩，这在2000多年前是极为难能可贵的一件事。

当年孔子出仕为官时，在文辞方面多半与别人商量后才下笔，并不独断独行，坚持己见。 唯独写《春秋》时完全依照自己的思想，该写的就写，该删的则删，可说是千锤百炼，一丝不苟。 可见得孔子对这部著作的重视。

他曾经对弟子们说："后世的人们，将因这部书而知道我孔子这样的一个人，也可能因这部书而责骂我亦未可知。"

哲人枯萎

孔子的著作《春秋》完稿前一年，也就是他 70 岁的时候，独子伯鱼病逝；翌年，心爱的弟子颜回去世；又过一年，子路在卫国殉难。这一连串的打击，使他老人家有点承受不住。

自从鲁哀公西狩获麒麟以后，孔子自知不久于人世，于是便把《春秋》匆匆结束，从此搁笔。

公元前 479 年，也就是鲁哀公 16 年，孔子 73 岁。他的健康状况已经一天不如一天，经常卧病在床。

子贡经常去照顾他，有一天，子贡又去探望孔子。孔子正拄着拐杖，站在门口像是在等待着什么人。他一见子贡来到，就对他说："我非常想念你，我以为你会很早就来的呢。"

接着，孔子叹息着唱出一首歌，歌词的大意是：

　　泰山其颓乎？
　　梁木其坏乎？
　　哲人其萎乎？
　　泰山就要崩颓了，
　　梁柱快要折断了，
　　哲人要像草木那样枯萎了！

孔子唱完，泪流满面。

自从颜回死后，子贡就成了孔门中最得意的弟子。他在季氏手下做事，曾出使吴国。他因为孔子身体不好，经常抽空来照料孔子。

子贡听到孔子唱出如此忧伤的歌，而且泪流满面，知道老师的病势沉重,将不久于人世。做弟子的虽然心急如焚,悲恸莫名,但不敢在老师面前露出哀伤的表情,免得老师更加伤感,只好强作欢颜,把孔子扶了进去。

山东曲阜孔庙中的孔子像

这时候,孔子再对子贡说:"天下无道,由来已久。我走遍各国,却没有人采用我的主张。我现在已经老迈衰颓,无能为力了!

"我昨晚做了一个梦,梦见我被放在两柱间受人祭奠。夏代人的棺木安置在东阶上。周代人的棺木安置在西阶上。殷代人的棺木安置在正厅的两根大柱之间。你知道,我的先祖是殷人,想必我是活不久了。"

子贡再也抑制不住,虽不敢放声痛哭,却泪如雨下,不能自已。他勉强安慰着说道:"夫子之道,是圣人大道,纵然今世不行,后世也必有宗法的。这种梦境怎可当真?夫子虽然年老,可是精力还没有衰呢,何至于弃我等而去?"

7天之后，也就是周敬王41年，鲁哀公16年（公元前479年）四月己丑日，在众弟子的环伺下，孔子永辞了这乱离之世，享年73岁。

鲁哀公接到报告后，内心感到很对不起孔子，一时之间，感慨万分，特颁赐诔辞：

> 昊天不吊，不慭遗一老。俾屏余一人以在位。茕茕余在疚，呜呼哀哉，尼父，毋自律。

大意是说，上天不可怜我，让这位老先生多活几年以辅助我完成中兴大业，却撇下我一个人在位，孤独无依地承受一切。唉！我的尼父（指孔子），今后谁还能帮助我，我将向谁去请教啊！

子贡看了这篇吊文后，表现得非常愤慨。他说："夫子在世的时候，不能任用他；当他去世以后，却颁诔辞大事赞扬，而且言词又多不实，不合于礼。诔辞中的'余一人'本是天子的

孔夫子故宅的井

自称，他怎可僭越？他根本就不遵守名分。"

子贡同情孔子生时不能见用于世，故而愤加抨击。但从史实的记载看来，国君不会轻易颁赐诔辞的，只有周公死时，成王颁赐诔辞的唯一例子。鲁哀公这一次倒确实是出于一番敬慕之情，这是可以想象得到的。

孔子去世以后，弟子们商量的结果，并没有把他葬到孔家的祖坟那里去，而是选择在曲阜北郊的泗水边。

孔子平日对待弟子们如同是自己的孩子，因此，弟子们也都以对待父亲的礼节服丧3年。他们在墓旁搭建草庐，在那里日日追悼老师。

匆匆3年期满，很多弟子仍不愿离去，子贡和他们又再住了3年。后来，在墓地附近又搬来不少人家，形成了一个村落，取名为孔里。

他们在守丧期间，将夫子平时所讲的话经过仔细地讨论辩证，然后一一记录下来，这就是留传下来的《论语》。

孔庙的大成殿

《论语》这部书，是孔子一生的言行实录、儒家学说之精华。由敦品为学、立身行道、处世接物，乃至治国平天下的大道组成，可谓包举无遗。说它是集中国文化之大成，并不为过。日本人对它尤其推崇备至，他们曾说一部《论语》就可以治天下。在日本、琉球都建有巍然的孔庙，日本人对孔子的崇拜和景仰可见一斑。西方各国对孔子的学说也非常重视，研究孔子学说的学者，日见增多。孔子的思想，放之四海而皆准，无怪乎普遍受到尊崇。

司马迁曾赞叹说："天下的君王，以至于贤人多得很，他们在世时固然荣华显贵，但死后则一了百了。唯有孔子，他是布衣，传了十余世，学者多宗法他。自天子王侯以下，凡是讲六艺的，都折服于他，真可算是至圣了！"

司马迁

孔子的后裔都有封典，祀奉不替。当时的人尊孔圣，不敢直接称他的名讳。

在唐朝开元年间，曾追谥孔子为"文宣王"，弟子们也都有追赠。宋朝的大中祥符元年（公元1008年），孔子被加谥为

"至圣文宣王",元朝大德10年(公元1306年),又被加谥为"大成至圣文宣王"。明朝嘉靖9年(公元1530年)被改称为"至圣先师",清朝顺治2年(公元2845年),定文庙谥号,称"大成至圣文宣先师孔子"。12年以后,又改称"至圣先师孔子",一直沿用至今。

至圣先师孔子之墓

孔子的后裔,世代都接受封号。孔霸在汉元帝时,被封为"褒成君"。孔均被平帝封为"褒成侯"。孔羡被魏文帝封为"宗圣侯"。孔震被晋武帝改封为"奉圣亭侯"。孔珍被后魏孝文帝封为"崇圣侯"。北齐封孔长为"恭圣侯",周武帝改封为"邹国公",隋炀帝改封为"绍圣侯"。唐太宗封孔德伦为"褒圣侯"。孔德伦的儿子被玄宗封为"文宣公"。宋仁宗又改封孔子后裔为"衍圣公"。

从宋代以后，经历元、明、清以至民国初年，孔子的嫡裔，都一直称为"衍圣公"。直到民国 24 年公元 1935 年，孔子 72 世孙孔德成改称为奉祀官，从此免去"衍圣公"的名号。

孔子的教育特色

孔子怀抱着改革天下的宏愿，除致力于政治外，尤其注意百年树人的大计。孔子首先开创私人讲学之风，一生从事于教育事业，其特色大致有下列几点：

一、有教无类

孔子招收学生，不论其年龄、籍贯、阶级、人品等等，只要是一心向学，他是来者不拒的。论年龄，有父子两人同隶门墙

公孙龙

的，例如，颜路与颜回、曾皙与曾参。论籍贯，子路、颜回、曾参、宰我等三十多人都是鲁国人；樊迟、子禽等是齐国人；公孙龙、宓不齐是楚国人；公良孺、颛孙师等是陈国人；端木赐、高柴等是卫国人……当时各国分立，孔子却不分地域，一视同仁。不过，由于古代的交通不太便利，仍然以鲁国的人数较多。

孔子的弟子——端木赐

至于阶级，孔子尤其反对贵贱之分。他的弟子中固然有贵族如孟懿子，巨贾如端木赐，但也有贫民如颜回、原宪；更有农民如樊迟。富贵贫贱，孔子皆合一炉而冶之，这在2000多年前的中国，可以说是了不起的创举。

说到人品，更会令人吃惊。以曾皙之狂、曾参之鲁、颛孙师之辟、高柴之愚，孔子却一视同仁地对待他们、教导他们。子路是卞之野人、公冶长曾坐过牢、颜涿聚是梁父之大盗。孔子的门徒，虽然品类复杂，但接受了孔子的教诲之后，都能改变气质，终成儒者。

二、重视师道

孔子常说："能温习以前所学而领悟出新知,就可以做别人的师长了。"孔子的教材是六艺,六艺有两种说法:一种是"礼、乐、射、御、书、数",另一种是"诗、书、易、礼、乐、春秋"。 我们不能说孔子只采用前者或后者为教材,应该是兼而有之才对。

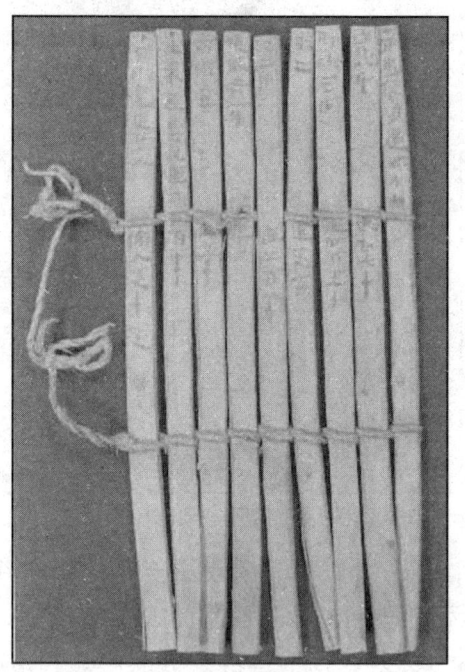

《论语》残简

《论语》上虽未明显地指出《易》、《书》、《春秋》这三部著作,但我们可以从许多地方体会出它的精义来,例如"无大过"、"有恒"、"思不出其位","以至言天命、言性命"等等全是《易》的精义。 又如"巍巍乎舜禹之有天下也"、"孝友施于有政"等几章,就是《书》的精义。 至于"天下有道,则礼、乐、征、伐自天子出……"等章，以至防夷夏、辨王霸、讨乱贼、论是非等等，都是《春秋》的精义。可见以上三部著作也是孔子的教材，而以诗、礼、乐三艺，在《论语》上出现的次数最多。

射、御方面，在《论语》上出现五次，例如："射不主皮，为力不同科，古之道也"；"君子无所争，必也射乎。揖让而升，下而饮，其争也君子"；"吾何执，执御乎？执射乎？吾执御矣"；"子适卫，冉有仆"；"樊迟御"。

至于书、数两项，《论语》上虽没提到，但《礼记》内则篇上有6年教之数与方名，10年学书计"的记载，可见书、数也是孔子的教材之一。

孔子所说的"温故而知新"就是为人师者，必须先将诗、书、易、礼、乐、春秋、射、御、书、数等等旧闻予以温习，进而获得新的了解，悟出新知，成为博学广识之士，然后才有资格去教导别人。

因为时代是在不断地变迁，为师者就必须审察时代，配合社会进步的需要，就其演化轨迹，察往知来，不可墨守古制，一成不变。孔子不是一位固执的学者，他能知古今，仁智兼修，而且诲人不倦。孔子在这方面曾经下过极大的功夫，他说过"三人行，必有我师焉"；"我非生而知之者，好古，敏以求之者也"；"学如不及，犹恐失之"；"学而时习之，不亦乐乎"；"发愤忘食，乐以忘忧"。

三、四教合一

孔子以四种学科教导学生，那就是文、行、忠、信。文是文学，指诗书礼乐而言；行是品德，做人应该修治品行；忠是政事，必须尽忠职守；信是书语，与人相处要讲求诚信。

在文学上最受孔子称道的，是子游和子夏两个人；在语言口才方面，是子贡、宰我；办理政事方面是冉有、子路；德行方面，孔子最欣赏的是颜回、闵子骞、冉伯牛、仲弓等几位。以

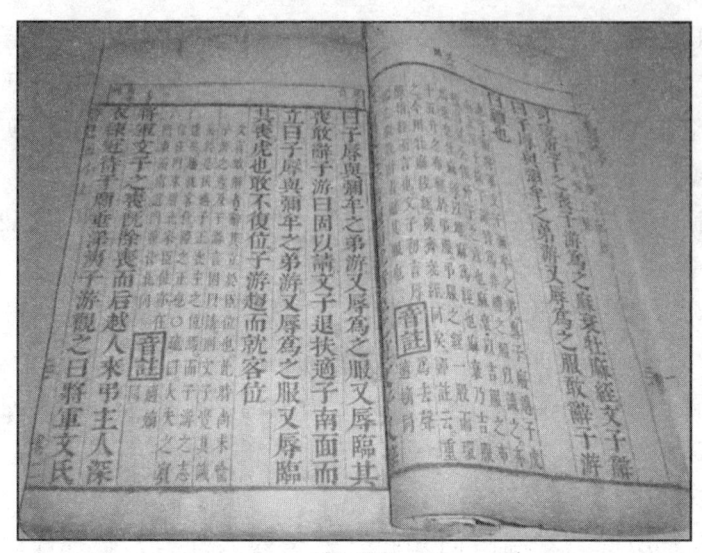

《礼记》

上 10 个人被后世称为"十哲"。

四、因人施教

例如，孟懿子问孝于孔子，孔子答复说，"不可违逆。"孟武伯问孝，孔子说，"父母最担心的是子女有病，所以应该善体父母的心意，好好保养身体。"子游问孝，孔子说，"并非奉养就够了的，如果不能尊敬父母，那跟饲养犬马又有什么分别呢？"子夏问孝，孔子的说法又不一样了，他说，"最难的就是承顺父母的意思，要时时显露欢悦的颜色。若是仅仅在长辈有事的时候，晚辈代他们去做，或有酒食先让长辈吃，难道这就算是孝顺了么？"

齐景公向孔子请教为政之道，孔子告诉他说，"做国君的要尽到做国君的道理，做臣子的要尽到做臣子的道理，做父亲的要尽到做父亲的道理，做儿子的要尽到做儿子的道理。"子张问政，孔子说，"在职时要不懈怠，推行政事要表里一致，以尽职守。"季康子问政时，孔子又是另一种说法，他告诉季康子说，"政字的意义，就是正道，你在上面坚守正道为民表率，谁还敢

孔子的得意门生之一——子夏

不依正道行事呢？……只要你肯为善，老百姓也就向善了，在位的行为德性好比是风，老百姓的德性好比是草，风吹在草上，草一定会随风仆倒的。"

五、注重身教

孔子以身教为言教之先，他在乡里与人相处时，总是态度恭顺而温和，但在宗庙和朝廷上，态度却很严肃。日常生活上注重礼节，讲求卫生。遇到朋友有困难时，总是倾力相助。他常以自身的言行来感化弟子。

六、积极精神

周朝衰微，诸侯跋扈，人民生活困苦，世局如麻。孔子以天下为己任，他周游列国，希望自己的政治抱负得以实现，才能拯救苍生，他明知不可为而为之的积极精神实在伟大。孔子的人生观是积极而乐观的。"学而时习之"，是乐；"饭疏食，饮水，曲肱而枕之"，是乐；"发愤忘食……不知老之将至"，是

乐。孔子无时无地不乐，这也是他最大的特色。

七、互相切磋

有一天，孔子对弟子们说："你们不要因为我年纪比你们老，就显得拘束，不妨说说自己的志愿。"子路首先抢着发言，他说："我愿把我所有的车马、轻暖的皮衣和朋友们共享，即使用到破旧，我也不会埋怨。"颜回说："我不夸耀自己的才能，不表扬自己的功劳。"

接着，子路也请孔子说一说自己的志愿。孔子说："我愿所有的老年人都能得到奉养而安乐，朋友相处都坚守诚信，年幼的能得到长者的抚爱。"

又有一次，孔子问子贡说道："你和颜回比起来，哪一个好些？"子贡答道："我怎么敢跟颜回相比呢？他听得一分的道理，就能知道十分，我听得一分，只能推知两分而已。"孔子说："你的确不如他，我就是赞许你有自知之明的这点长处。"

八、民主作风

孔子在学生面前，并未摆出一副独断独行的专横面孔，相反地，他也接受学生的规谏。

例如，孔子在卫国时，曾在一种不得已的被动情况下去见南子。爽直的子路就毫不客气地埋怨起来，在第三者看来，这是子路对老师的大不敬，但孔子仅以"我如做错什么，天将厌弃我"这句话来表明自己的严正立场。

又如，当年公山不狃以及佛肸都曾先后邀请孔子去协助他们，子路也是力加阻谏，孔子却并没有申斥他。

孔子常常鼓励学生们提供相反的意见以增进德业、启发见闻。孔子常表现出的"温、良、恭、俭、让"，以及"毋意、毋必、毋固、毋我"的态度，这些都可说是民主风度的具体表现。

孔子教育精神之伟大，绝非后儒所能企及。他的3000弟子都能接受熏陶，弘扬师教，卓然万古。他们师生之间的情谊，虽父子兄弟亦不能及。弟子们对老师的尊敬完全出自真诚，全无半点虚伪、造作。

子贡听到鲁国三桓之一的叔孙氏在毁谤孔子，他说："这样做是没有用的，孔子是不可以毁谤的。一般的贤人，只不过像是丘陵一样，还可以超越它；但孔子却像日月一般，根本就无法超越。一个人即使想弃绝日月的光明，但对日月又有什么损害呢？徒然显得他自己不知道自己的分量罢了。"

有人反问子贡说："你不过是恭敬你的老师而已，难道他真的胜过你么？"

子贡回答他说："君子只要说出一句话，就可以知道他是智或是不智，所以，说话就不能不谨慎。讲到我们的老师，他高不可及，就如同不能用梯子爬到天上去一样。

"假如夫子能够掌理国政，那就像古人所说'教人民自立，人民就能自立。要教化人民就能教化大行，使得人民乐于跟从。要安抚人民使其来归附，他们就会来归附。要役使他们，他们也乐意顺从。'生前人人尊敬，死后则人人哀悼，像这样的

子贡庐墓之处

人，谁还能及得上呢？"

子贡的这番话，并非是他个人的意见，而是所有弟子们共同的看法。

颜回曾经赞叹圣道的高深，他说："夫子的道理，越仰望越显得高远，越钻研越显得坚固。看看好像在前面，一会儿又到了后面。幸而孔子的教导方法是循着次序一步步地引进，先教我在典籍上多下工夫，又教我以礼来约束自己的行为，我想停止不学也不可能，已经用尽了我的才力，而孔子的道理依然立在我的面前，我想要追上前去，却总是追赶不上。"

这几句话，最能形容孔子之教化感人。孔子总是循循善诱，使弟子们亦步亦趋。

孔子的中心思想——"仁"

《论语》一书是孔子一生的言行实录，在全书489章中，有58章谈到"仁"，几占全书的八分之一。因此，我们可以说，"仁"是孔子的中心思想。它不仅是人生修养的最高境界，也是道德的准绳。

孔子对曾子说："参啊，我平日所讲的道，可以用一道理把它贯通起来。"

别人问曾子，夫子这句话是什么意思。

曾子说："夫子的道理，就是忠、恕二字而已。"

所谓"道"，是天地万物之理，也就是仁。仁，可以贯通天地万事万物之理，由表里精粗乃至于全体大用。

曾子唯恐弟子们不能完全了解孔子的意思，因此，用忠、恕两字予以引申。

忠就是尽己，恕就是推己。陆九渊说："尽己则宇宙内事，皆吾分内事也。 推己就是'己所不欲，勿施于人'，'己欲立而立人，己欲达而达人'"。

明道就是行仁，对父母为孝、对兄长为悌、对友人为信、对国家为忠。 举凡孝悌、信实、宽厚、温良、俭让、勤敏、施惠、廉耻、刚毅、木讷、智勇、博爱等等无不包含在内。

"仁"，可说是"统摄诸德，完成人格"的总称。《论语》一书就是一部论"仁"之书，是孔子全部精神之所寄。

孔子的中心思想，即是一个"仁"字，当然要注重它的实践功夫。 如不能身体力行则徒属空谈。 我们可以从他训勉弟子的话里看得出来。

例如，里仁篇中的"苟志于仁矣，无恶也"；"君子去仁，恶乎成名。 君子无终日之间违仁，造次必于是，颠沛必于是"。 这就是说，作为一个君子，没有一时一刻与仁相违离。

又如卫灵公篇中的"志士仁人，无求生以害仁，有杀身以成仁"；"民之于仁也，甚于水火。 水火，吾见其蹈而死者矣，未见蹈仁而死者"；"当仁不让于师"；颜渊篇的"为人由己，而由人乎哉？"

孔子确确实实是做到了这一点，他周游列国时，仆仆风尘，席不暇暖，不仅旅途劳顿，而且经历了多次危险。 有时候，还会受到讥讽、揶揄或陷入绝粮困境，可是他绝不气馁，一本初衷，真可说是造次必于是，颠沛必于是，他唯一的目的在于仁之实践而已。

子路仅比孔子小9岁，生性坦率鲁莽，常受孔子的申斥。 后来，他在卫国为官死于太子蒯聩之乱。 当时，他冒险救主，独自一人与敌方拼斗，终因寡不敌众，战到遍体鳞伤，满身是血，即将殉职以前，犹高喊："君子死，不免冠。"于是掷剑于地，系好帽缨，从容就死。 他这种忠勇而临难不苟的精神，果真做到杀身以成仁，可以说不愧为孔门弟子。

"仁"，统摄了诸德，譬如江海之不择细流，究竟何者是江海，何者是细流？

这就要视弟子之禀赋、资质、习性、生活环境等而因材施教了。

譬如，子路性情豪迈而好勇，孔子认为他才华外露，必须加以收敛，因此告诉他说："公正无欲、果敢坚忍、性情质朴、说话迟钝，这四种实质都近乎仁。"

樊迟向孔子问仁的时候，孔子说："日常起居要恭，做事要敬，待人要忠。以上三点，即使到蛮夷之邦去，也不可废弃。"

另外有几次，樊迟问仁。孔子说："爱护众人。"另一次却说："有仁德的人，比别人先吃苦，而获报却退居人后，这便是仁了。"

仲弓向孔子问仁，孔子说："自己所不喜欢的，不可以加在别人身上。总要做到在邦国没有人怨恨，在家中也没有人怨恨。"

颜回问仁时，孔子说："克制自己的私欲来实践礼便是仁，果真有一天能切实做到这一点的话，那么，天下的人都会称赞你是个仁者，而能契合仁道了。"

颜回继续问到具体的条目，孔子说："不合礼的不要看，不合礼的不要听，不合礼的不要说，不合礼的不要动。"

在孔门弟子中，子张（颛孙师）自视甚高，曾子曾经批评他说："堂堂乎张也，难与并为仁矣。"

意思是说，子张外表有余，而内涵不足。孔子当然也看得出来。

有一次，子张向孔子问仁时，孔子乘机对他说："能够做到下列五点，便算是仁了。那五点就是：恭、宽、信、敏、惠。对人恭敬，便不会被人侮慢；待人宽厚，就能够受众人喜爱和拥戴；讲求信实，别人就会信任你；做事勤敏，便容易成功；施惠与人，别人才会心悦诚服地为你效劳。"

以上列举孔子对子路、子张的教诲都可说是细流，因为，以他们两人的资质、禀赋，尚不足以语道江海也。

至于回答樊迟的问题，前后几次都不一样，乃是因时、因地而异，不能一成不变，并非是随意出之于口的。

"仁"，既然是人类之道德准绳，那么，实践仁的时候，以何种境界才算是达到了仁的极致？

关于这一点，我们仍然可以从《论语》中寻出端倪。孔子把人分为若干层次，也就是行仁的品第。除了丧德违仁的小人不计外，依序是士、君子、善人、成人、贤人、大人、圣人。

士与君子本是贵族的称号，在孔子创设私人设教以后，始与平民处于同等地位，同样予以施教。《论语》中言及士者不在少数，而言及君子者达80余次之多。例如："士而怀居，不足以为士矣"，"士志于道，而耻恶衣恶食者，未足与议也"，"行己有耻，使于四方，不辱君命，可谓士矣。"可见士之崇尚仁义，有勇知方，非一般人所能及。

至于君子，例如："君子可以托6尺之孤，可以寄百里之命，临大节而不可夺"，"君子成人之美"，"君子坦荡荡，小人长戚戚"，"君子上达，小人下达"，"君子求诸己，小人求诸人"，"君子矜而不争，群而不党"，"君子疾没世而名不称焉"，"君子不以言举人，不以言废人"，"君子谋道不谋食……君子忧道不忧贫"，"君子不可小知，而可大受也"，"君子贞而不谅"等等。

所谓善人，也就是俗语所说的好人，虽亦崇德尚仁，只是学养不深，难入圣人之室。不过也算是难能可贵了。子张问及善人的行为时，孔子告诉他说："善人不一定依照圣人的路线走，由于天生的善，自然也不会作恶。但由于不学的缘故，终不能进入圣人精微深奥的境界。"

孔子又曾告诉弟子们说："古人说'善人相继主政，经过百年之久，可以使残暴的人不再做坏事，从此可以废除杀戮的刑罚'，这句话，说得对极了。"

论品第，善人只能列于成人之后。

成人，也就是才艺卓越、智勇兼备、人格高尚的完人。

孔子告诉子路说:"要像臧武仲(鲁国的大夫)那样的智慧,孟公绰(鲁国的大夫)的清廉寡欲,卞庄子(鲁国卞邑大夫)的勇敢,冉求的技艺,再加上礼乐的熏陶和修饰,也可算是人格完备的人了。"

接着又说:"至于现在的所谓人格好的人,又何必如此地完备呢?只要做到见了利能想到义,遇到危难能付出自己的生命,和人相约,不管事隔多久,都不忘掉过去的承诺,能够做到这几点,也可算是人格完备的人了。"

贤,这个字的正解,《礼记》内则篇注"贤犹善也",《说文》云"有善行也"。

孔子称赞伯夷、叔齐为贤,因为他们"求仁而得仁"。孔子又赞许颜回的贤,说他三月不违"仁"。孔子是很少称赞自己的弟子的,这可算是非常特殊的例子。

可见贤人要以行仁为本,只是他们的修养及实践功夫还不及

孟 子

圣人。不过,圣人之学,却因贤人而彰显。

大人已快接近圣人之境了。孟子说:"大人者,言不必信,行不必果,唯义所在","大人者,不失其赤子之心者也","有大人者,正己而物正者也"。

赤子就是婴儿,婴儿是不懂得作伪的。大人的心,要如同赤子一般的天真纯洁。大人要内外兼修,具有完美的人格。比起圣人来,则略逊一筹。

孔子说过:"君子有三项敬畏的事情:敬畏上天赋予的正理;敬畏有德位的人;敬畏圣人所说的话。"(君子有三畏:畏天命;畏大人;畏圣人。)

孔子把天命、大人、圣人并称,可见大人已接近圣人的境界。

道德修养造乎极地者,谓之圣,这可说是行仁的最高境界了。

孔子曾经说过:"神明不测的圣人,我是见不到的了,能够见到一个才德出众的君子,也就可以了,专务仁道的善人,我是见不到的了,能够见到一个始终遵守常经的人也就可以了。"

孔子晚年的时候,自述其为学进德之顺序,他说:"我从15岁开始就一心向学。到了30岁,便能立定志向,把持得很坚固。40岁时,对一切事理都能看明白而没有疑惑。50岁的时候,知道天命的道理。60岁时,耳边听到什么,都能明白而自然贯通。

孔　子

70岁就能想到哪里做到哪里，再也不会超越法度了。"

孔子已经臻于仁之最高境界，尤入圣域，殆无疑义。

★资料链接★

《论语》与孔子的思想

《论语》是孔子的言行记录，收集了孔子对人类、人生与政治的感想和意见。实际上，即使没有读过《论语》的人，也听说过《论语》的书名和孔子这个人。接受孔子教谕的人们都被归为儒家，而把孔子尊为儒家的鼻祖。儒家学者们为了尊孔子而将其神化，尊称为"孔圣人"，使孔子几千年来一直受人们顶礼膜拜。

《论语》中有这样一句话："饱食终日，无所用心，难哉矣！不有博弈者乎？为之犹贤乎已！"由此可见，孔子并不是一个凡事都看破的人，他也具有圆滑的人格。《论语》中有许多关于贫富的话，例如："贫而无怨怼，富而无骄易。"孔子认为一个富有的人能不骄傲自大，仗势欺人，然而这还算是容易做到的事情，如果贫穷却不嫉妒别人，不怨天尤人，那就更难得。

孔子是一个终生致力于自我实现的人，而他所期望的理想形象又是怎样的呢？一言以蔽之，即"仁"。唯有能够身体力行"仁"的人，才是一个完美的人。但是，孔子没有明确地给仁下定义，而只是视对方与场所的不同作各种说明。人们最熟悉的大概要算"巧言令色，鲜矣仁"这句话了。所谓"巧言令色"就是说讨人喜欢的话，与人交往时装出一副讨好的神情。此外，孔子还有一句与之相对的名言"刚毅木讷，近仁"，亦即指人在刚直坚毅而又不欲求表现之间，便愈来愈接近仁了。

孔子的弟子中有一个叫樊迟的，他的理解力似乎有些迟钝。他曾经多次问孔子何谓"仁"，而孔子的回答方式也都各异。第一次的回答是："爱人。"第二次的回答是："仁者先难而后获，可谓仁矣。"第三次则更具体地说明："居恭处，执事敬，与人忠，虽之夷狄，不可弃也。"所谓"仁"可以说是对自己与他人都能诚实以待的生活方式。

如果了解孔子讨厌的是哪种人，也许能更了解仁的意义。

有一次，子贡问孔子："一个有才德的君子也会憎恶别人吗？"孔子答是，接下来列举了四种君子所憎恶的人：

第一种是"称人之恶者"，就是喜欢说别人坏话的人。

第二种是"居下流而讪上者"，就是居下位却喜欢诽谤在上位者的人。

第三种是"勇而无礼者"，就是只有匹夫之勇却不懂礼节的人。

第四种是，"果敢而窒者"，就是独断而不通事理的人。

此外，《论语》里还提出："居上不宽，为礼不敬，临丧不哀，吾何以观之哉？"其意是，在上位却欠缺宽容的心，执行礼仪时却不真诚，参加葬礼时又不哀伤，这些人也是孔子所厌恶的。孔子还指出："巧言、令色、足恭，左丘明耻之，丘亦耻之。匿怨而友其人，左丘明耻之，丘亦耻之。"其意是讲，尽说些阿谀好听的话，装出谄媚的样子，过分的卑恭，这样的人左丘明认为是可耻，我也认为是可耻的。心里很痛恨某人，却又装出跟他要好，这种人左丘明认为是可耻的，我也认为是可耻的。由此可见，孔子所厌恶的是对自己和他人都不忠诚的虚伪的人。

孔子认为，人际关系中最基本的原则是"信"。所谓信就是不说谎，遵守与他人的约定。简单地讲就是诚实。《论语》中说："人而无信，不知其可。"如果一个人不讲信用，不知道他还能做什么（意即不配做人）。子贡曾向孔子请教为政者在处理政事时应该注意哪些事情。孔子回答："足食，足兵，民信之矣。"即必须具备粮食、军队和人民的信赖三大要素。

子路又问："假若在不得已的情况下必须去掉其中一项，应该先去掉哪一项呢？"孔子回答："军备。"子路接着问："假如其余两项中，又不得不去掉一项，应该去掉哪一项呢？"孔子毫不犹豫地回答："当然应该去掉粮食，因为自古以来人总免不了一死，但是，如果政府失信于民，就什么都失去了。"由此可见，孔子认为信是多么重要，而许多人往往不讲信用，言而无信，这实在是一种错误。

此外，《论语》中还从其他角度给予我们许多有益的启迪。首先是选择朋友的方法。孔子讲："无友不如己者。"在人格的形成过程

中，朋友的影响是深刻的。所谓"近朱者赤，近墨者黑"，与什么样的朋友来往久了，就不免会受其影响。为此，孔子提出了"益者三友，损者三友"，以便说明择友的标准。他认为有益的朋友有三种：

第一种，"友直"，即刚直的人；

第二种，"友谅"，即诚实的人；

第三种，"友多闻"，即见闻广博的人。

同时，他认为有害的朋友也有三种：

第一种，"友便辟"，即谄媚奉承的人；

第二种，"友善柔"，即当面恭维背后诽谤的人；

第三种，"友便佞"，即好说大话的人。

《论语》中还指出，与长辈交往有三件事不能做：

第一件是"言未及之而言"，即还没轮到他说话时却抢着说；

第二件是"言及之而不言"，即人家问话他却不回答；

第三件是"未见颜面而言"，即不察言观色而轻率发言。

孔子在很早时就开始收弟子，在放弃政治活动之后的晚年，更是将全部精力倾注在教育事业上。他以培养足以担负国政的领导者为目标，《论语》中称此种人为"君子"。据说孔子有成名弟子72人。

《论语》中讲："君子讷于言而敏于行"。这里的"讷"是迟钝，"敏"是机智。即一个人重要的不在于能言善辩，而是在于行动力。对错综复杂的形势变化从容不迫，灵敏对应，敏捷有力。言谈必须谨慎小心，而且亲近有道德的人以求其教正。然而，孔子并不反对一个人有口才，主张一个人在必要的时候要能说适宜的话。但是，孔子不欣赏那种好逞口舌，光说不练的人。

《论语》中还讲："君子矜而不争，群而不党"。即君子虽然对自己充满自信，但是绝不能事事与他人相争，虽然能够和别人相互协调，但也不必结党营私。书中讲："君子泰而不骄"。即君子虽然要有泰然的态度，但亦不能因此而骄傲、瞧不起别人。"君子坦荡荡。"即君子平常既不忧心忡忡，亦不处心积虑，凡事都能坦然地对待。

《论语》中收录了许多有关政治的问答，其中包括许多关于政治家的理想形象方面。书中讲："居之无倦，行之以思。"即推行政事必须毫不倦怠，始终如一，表里一致。"无欲速，无见小利；欲速则不达，见小利则大事不成。"即推行政事时不要求速成，也不要只顾眼前利益，因为求速成往往不能完成任务，只顾眼前利益无法成就大事。孔子对领导者的要求可以总结为："其身正，不令而行；其身不正，虽令不从。"当然，除了领导者要这么做以外，每个人都可以这么效法，以加强自己的修养。

《论语》中有一句话："不患无位，患所以立。"即在没有得到比较好的职位而埋怨之前，需要先努力自我充实能力。孔子从政时并没有得到合理的待遇，虽然他一生中多处逆境，却一直抱着积极乐观的态度来面对生活中的困境。

《论语》中有一句话："学而不思则罔，思而不学则殆。"即无论学习任何东西，如果自己不动脑子去想，便无法成为活的知识。如果仅是沉迷于思索之中，不去学习前人的经验，就会陷入独善的境地。读书时必须用心思考，抱着积极的态度与怀疑的精神去发现问题，而不能生吞活剥地学习。

《论语》中还有一句话"小人之过也必文"。"文"是指修饰表面。此句话的含义是，小人一失败，就会找些借口来掩饰过错，为自己辩护。这种人，不是寻找失败的原因，总结教训，而是一味地掩饰、搪塞，所以不会进步，只会一再地跌倒。俗话说："失败为成功之母。"只要善于总结经验教训，经常反省自己的行为，成功是指日可待的。

当然，会失败的并非只有一般人，即使是君子也常有失败的时候。孔子晚年在周游列国时，有一次他们一行人被敌国的兵士包围，在荒野中进退不得。大家又饥又累，精神沮丧，但是，只有孔子毫不在意。这时子路问老师："君子也会有这样穷困的时候吗？"孔子告诉他："君子固穷，小人穷斯滥矣。"即君子当然也会有碰到危机的时候，但是他却能临危不惧，泰然处之，小人则不同，一陷入危机就惊慌失措，胡作非为。由此可见，君子与小人的差别甚远矣。

《论语》中还指出："过而不改，是谓过矣。"只要是人，就难免犯错误。其实，有了错误并不可怕，只要痛改前非就可以了。问题在于，有些人犯了错误之后，不但不肯承认，而且不肯悔改。其实，我们往往知道自己的错误所在，不过是缺乏正视和承认它的勇气罢了。孔子指出："过则勿惮改。"即犯了过错，不要怕羞，也不要企图隐瞒。只要马上改正，"知错能改，善莫大焉，"最重要的是在失败之后的善后处理。

《论语》中有一句人人皆知的名言:"小不忍则乱大谋。"对于日常的琐碎之事,不必去斤斤计较。在大事业之前的小事若无法忍受,将无法成就伟大的理想。

有一次,子贡问孔子:"如有博施于民而能济众,何如?可谓仁乎?"孔子回答:"何事于仁!必也圣乎!尧舜其犹病诸!夫仁者,己欲立而立人,己欲达而达人。能近取譬,可谓仁之方也已。"此段话的意思是,一个人若重视自己的名誉,同时也要注重他人的名誉。自己希望自由,同时也要尊重他人的自由。总之,凡事要设身处地相互体谅。

对于亲密的朋友,孔子曾讲过:"有朋自远方来,不亦乐乎?"在交友时,如果认为彼此很亲密而过于随便,往往容易失礼于对方而不自觉,反之,距离过大又会产生疏远的感觉。那么,交友的秘诀是什么呢?孔子告诫说:"忠告而善导之,不可则止,毋自辱焉。"即朋友有错,需以诚心来忠告劝导他,如果对方听不进去,就不必再多说了。如果一味地说教,不但会引起对方厌恶,甚至会引起相反的效果。

孔门弟子简介

孔子有3000弟子,其中身通六艺者72人。在这众多弟子中,有事迹可考者,仅百人左右。我们依据《论语》及《孔子家语》中常见的顺序简介如下:

(一)颜回,字子渊,亦称颜渊。他比孔子小30岁,是鲁国人,孔子最得意弟子。家境很穷,但以德行著称,他身居陋巷,箪食瓢饮,却不改其乐。他敏而好学,闻一而知十,他不迁怒,不贰过,孔子最欣赏他,把他当做自己的儿子看待。可惜天不假年,他仅仅活到32岁就死了。孔子曾为此痛哭,大喊:"天丧予!天丧予!"颜回被后世尊为"复圣"。

（二）曾参，字子舆，是曾点（字晳）的儿子，父子两人同是孔门弟子，他比孔子小46岁，也是鲁国人。他天赋较为鲁钝，但能每日三省其身，而且事亲至孝，悟圣道一贯之旨，著有《曾子》18篇。

（三）仲由，姓仲名由，字子路，一字季路，鲁国卞地人，比孔子小9岁。生性豪爽，好勇力，但很虚心，闻过则喜，常受孔子斥责，却能虚心接受。他事亲至孝，年轻时家里很穷，常常到百里外去背米回来奉养双亲。他先在鲁国出仕，后来又在卫国做官，死于蒯聩之乱。

（四）冉求，名求，字子有，亦称冉有，又称有子。鲁国人，比孔子小29岁。性谦逊，有才艺，在鲁国出仕，为季氏宰，与齐国作战有功。孔子晚年得以返鲁，主要由于冉求的关系。

（五）冉耕，名耕，字伯牛。鲁国人。以德行著称，后来他患有恶疾不愿意见人，孔子去探望他的时候，站在窗子外面握着他的手，叹息着说："如果没有希望的话，这也是天命啊！这样的好人，竟然会染患这种病！"

（六）冉雍，名雍，字仲弓，鲁国人。他气量宽宏，沉默厚重，所以能居敬行简。孔子认为"可使南面"，意思是冉雍这个人具有人君的容度，可以使他坐在君位上。他的父亲行为不良，有人以此作为攻击冉雍的借口。孔子驳斥说，一只不很好的牛照样可以生出壮健的小牛来，也就是说，父亲有过失，儿子不一定不好。

（七）曾点，名点，字晳，他和自己的儿子参同为孔门弟子。他鉴于当时礼教不行，想跟孔子学习，孔子对他非常嘉许。他性情恬适，喜欢陶醉于春风沂水间，能素位而行，随遇而安。季武子之丧，他曾倚门而歌，显出他是一位狂士。

（八）闵损，名损，字子骞，鲁国人，比孔子小15岁。性孝友，幼年时被后母虐待，他父亲知道了以后极为愤怒，要把后妻赶走，子骞反而为后母求情。他说，母在一子寒，母去三子

单。因为后母生了两个孩子,如果后母被赶走的话,那么三个孩子都没人照顾了。他的孝行终于感动了父母。他性情恬淡,季氏曾派人去请他出任费邑宰,他却关照来人替他婉辞,因为他不想做官。

(九)端木赐,姓端木,名赐,字子贡,卫国人,比孔子小31岁。他口才很好,雄辩滔滔,又能料事。他曾经到吴国去游说,让吴国去攻齐而保全了鲁国。他也善于经商,家境非常富有。

孔子对于他的利口巧辞偶尔会加以警告。有一次,孔子问他说:"你和颜回相比,你自认为如何?"

子贡谦逊地答道:"我哪里敢和颜回比?他听到一分可以了解到十分,我听到一分只能领悟出两分。"

(十)卜商,姓卜名商,字子夏,卫国人,比孔子小44岁。擅长文学,习于诗。有一次,他问孔子说:"古诗上'美人巧笑时,双颊微动多么地好看,秋波流盼多么地美,粉白底子再画上五彩的颜色,就更加美丽'这三句诗是指什么?"

孔子说:"这是说,要画画先把素底打好,然后再加上五彩的颜色。"

子夏说:"这不就是说,人先得具有忠信的美德,然后再用礼来加以文饰?"

孔子说:"启发我心志的要算是商了,像这样就可以跟你谈诗了。"

孔子去世以后,子夏就在西河教学,当时的魏文侯曾奉他为师,向他请教国政之事。

子夏的儿子先他而死,他哀恸过度,竟把眼睛哭瞎了。他的著作有《诗序》、《易传》。

(十一)颛孙师,姓颛孙,名师,字子张,陈国人,比孔子小48岁。他执德宏而信道笃。他曾说过:"如果守德而不去,信道而不求笃实,这样的人怎能算为有,又怎能算为无呢?"因此他有恺悌君子之称。

（十二）言偃，姓言，名偃，字子游，吴国人，比孔子小 45 岁。他和子夏一样，长于文学。曾在鲁国做官，出任武城宰。

有一次，孔子到武城去，一进城就听到弦歌的声音，孔子微笑着说："杀鸡何必要用宰牛的刀？"子游回答说："以前，偃常常听到您说：'在位的学了礼乐之道，就能爱民。庶民学了礼乐之道，就容易听从教令。'我现在就是实行这样的教化啊。"

孔子对随行的弟子们说："你们听听，他讲得很对。我刚说杀鸡不用牛刀，只不过是一句玩笑话罢了。"

（十三）有若，姓有，名若，字子有，亦称有子，鲁国人，比孔子小 43 岁。为人和易笃行，他的相貌长得和孔子非常相像，当孔子去世以后，弟子们因为思念老师，就把有若当做老师一样地看待。

（十四）原宪，姓原，名宪，字子思（孔子的孙子孔伋，亦字子思），亦称原思。鲁国人，又一说是宋国人。性介，安贫乐道，清静守节。孔子在鲁国出任大司寇时，原宪曾被任爵邑宰。孔子去世以后，他就退隐到卫国去，不再出仕。

（十五）公西赤，姓公西，名赤，字子牵。鲁国人，比孔子小 42 岁。他束带立于朝，深知宾客之礼。

有一次，孔子问几位弟子如果朝廷任用他们，他们将如何治理。

轮到公西赤的时候，他说："我不敢说能做得很好，但我极愿意学习。譬如宗庙里的祭祀，诸侯会见时着礼服、戴礼帽，我愿意在那里做个赞礼的小相。"

后来，孔子对弟子们说："宗庙会见这些事，不是诸侯的事，是什么？赤只愿做个小相，那么谁又能做大相呢？"

当公西赤被派出使齐国时，他乘肥马、衣轻裘，俨然是贵公子。

（十六）宰我，姓宰，名予，字子我，亦称宰予，鲁国人。和子贡一样，长于辩才。他有一次白天睡觉，被孔子斥为"朽木不可雕"。他曾在齐国出任临淄大夫。

（十七）澹台灭明，姓澹台，名灭明，字子羽。鲁国人，比孔子小39岁。他的相貌很丑陋，不过孔子却称赞他说："澹台灭明这个人为人极其正直，走路时不抄捷径，非公事不去晋谒卿大夫。"

孔子又曾慨叹说："如果我以言取人，就会错过了宰予，如果以貌取人，就会错过了子羽。"

（十八）宓不齐，姓宓，名不齐，字子贱。鲁国人，比孔子小30岁。性仁爱，有才智。他出任单父宰时，很有政绩。孔子称赞他的才干说："让他出任单父宰是大材小用，委屈了他，以他的才干来说，足堪担当霸王之佐。"

孔子的弟子——宓不齐

（十九）漆雕开，姓漆雕，名开，字子开。鲁国人，比孔子小11岁。习《尚书》，但不喜欢做官。

（二十）南宫适，姓南适，名括，字子容，亦称南容，鲁国人。据说，他就是孟僖子的儿子仲孙阋，因为居住于南宫，故以之为姓。

有一天，南宫知问孔子说："后羿善于射箭；寒浞子力气很大，可以在陆上行舟，但他们都不得好死。夏禹、后稷亲自下田去耕种，反而得了天下，这是为什么？"

孔于当时没有回答他。事后，孔子对别人说："像他这样的人，真是个君子；这样的人真是个尊重道德的人啊！"

后来，孔子把自己的侄女嫁给了南宫适。

（二一）公冶长，姓公冶，名长，字子长，齐国人，又一说他是鲁国人。他懂得鸟语，曾经坐过牢，孔子认为这不是他的过错，不但不轻视他，而且还把自己的女儿嫁给他。

（二二）颜无繇，名繇，亦作无繇。字路，亦作季路，鲁国人，比孔子小6岁。颜回就是他的儿子。孔子早年在乡里讲学时，他曾就学于孔子。他和自己的儿子并不是同时受教。

（二三）高柴，姓高，名柴，字子羔。卫国人，又一说他是齐国人，比孔子小30岁。

孔子的弟子——南宫括

他身高不满5尺，天赋愚鲁。子路曾派他去当费邑宰。孔子说："你这样做，不是反而害了他么？"

子路说："那儿也有人民，也有社稷可以学习的，何必一定要读书，才算是学呢？"

孔子训斥他说："我最讨厌口快而喜欢顶撞的人。"

高柴虽然资质愚鲁，但性仁孝。父母死亡，他泣血3年。后来曾在卫国出仕为官。

（二四）樊须，姓樊，名须，字子迟，亦作樊迟。鲁国人，比孔子小36岁。他是一个农民，在受教于孔子期间，问仁问知，均能反复推究，为切己之学。孔子曾在一次对话中，以礼义信的一番道理来开导弟子们。

有一次，樊迟向孔子请教种植五谷的事，孔子说："我不及种田的农民。"

他又再请教种植菜蔬的事，孔子说："我不及种菜的园丁。"

事后，孔子对弟子们说："樊须的志向这么小！想做一个居上位的人，却要学习小民所做的事。只要居上位的人能够爱好礼法，人民就没有一个不尊敬他的。在上的人能够爱好义理，人民就没有一个敢于不服从的。在上的人能够爱好诚信，人民就没有一个敢不拿出真情来相待的。到了这样的地步，那四方的人民就会背负了他们的儿女来归附，哪里还用得着自己去学种五谷呢？"

（二五）巫马施，姓巫马，名施，字子期，故亦称巫马期。鲁国人，又一说他是陈国人，比孔子小30岁。

曾经出任为单父宰，勤于政务，不稍懈怠，政绩很好。

（二六）司马耕，姓司马，名耕，字子牛。宋国人，当年企图杀害孔子的桓魋就是他的哥哥。他却不肯随同兄长一起作恶。他曾叹息着自己没有一个好的兄弟。

有一天，他向孔子问仁。孔子告诉他说："有仁德的人，他说话时总是好像忍让着，不肯轻易出口。"他不太明白，于是又反问说："说话时，像是在忍让着，不轻易说出口，这就算合乎仁道么？"

孔子解释说："既然做一件事，不肯苟且敷衍，那么，说话的时候怎可不加考虑而轻率出口呢？"

他又向孔子问到君子的问题。他说："请问，怎么样才算是君子呢？"

孔子说："君子不忧愁，不恐惧。"

他还是不太明白，孔子又再解释说："自我检讨，省察，没有愧疚的话，又有什么值得忧愁和恐惧的呢？"

孔子的意思是，不要因为自己的哥哥作乱而感到不安。只要自身的心地坦荡，在省察检讨方面下工夫，就是一个君子。

（二七）公伯寮，姓公伯，名寮，字子周，鲁国人。他曾经在季氏面前进谗，数说子路的坏话。鲁国大夫子服景伯听到以后，就去告诉孔子。他说："季孙氏听了公伯寮的谗言，已经对子路起了疑心。但我还可以有办法使季氏明了真相，而把公伯寮杀掉，陈尸于市上。"

孔子却对他说："子路出仕为官，原本是为了行道，道如可行，这是天意。如果不能行之于世，这也是天意。公伯寮虽然毁谤他，却又如何拗得过天命呢？"

（二八）陈元，籍贯不详，比孔子小40岁。他一直怀疑孔子对待自己的儿子和一般的其他弟子不同，说不定会私下多教一些东西。

某天，他找了个机会问孔鲤说："你父亲有没有特别教给你一些什么？"

孔鲤老老实实地回答说："没有啊！有一天，父亲独自一个人站在大厅上，我很快地穿过庭院，父亲却把我叫住，他问我有没有温习《诗经》，我说还没有。父亲说，不把《诗经》温习熟就不能通达事理，不会应对讲话。于是我便退下去温习《诗经》。

又有一天，父亲站在大厅上，我快步穿过庭院时，他又叫住我，问我有没有温习《礼记》，我说没有。父亲说，不把《礼记》温习熟就不能坚定德性，将来不能立身处世。于是，我赶快回去温习《礼记》。我所听到的教训，也就是这两点而已。"

陈元听了非常之高兴，他说："我问他一件事，却学到三件事，除了了解学诗和学礼的道理以外，我更了解到孔子对待他的儿子也和一般弟子一样，并没有存着偏爱的私心。"

（二九）申枨，籍贯、年龄不详。孔子曾慨叹着意志刚强的人太难得，有人说："申枨不是很刚强么？"

孔子说："枨这个人多嗜欲，怎能算得上刚强？"

（三十）子服景伯，姓子服，名何，字伯，谥为景。是鲁国的大夫，富正义感，他曾告发子路被公伯寮进谗的事，足见他卫道心切。

（三一）琴牢，姓琴，名牢，字子张（颛孙师亦字子张），一字子开，又称琴张，卫国人。宗鲁之丧，琴牢准备去祭吊，听到孔子讥讽鲁是盗贼，所以就没有去。

（三二）林放，鲁国人。他看一般人专注重于礼的繁文缛节，认为这不是礼的本意所在，因此，他把这个问题向孔子请教。

孔子欣慰地告诉他说："你问得好极了。讲到礼，与其过于奢侈，宁可俭朴些比较好。丧礼是表现心中的哀恸，与其注重外表的虚文，宁可内心哀戚更好些。"

（三三）蘧瑗，姓蘧，名瑗，字伯玉。卫国的大夫，是一位守礼的君子，他曾说过："我活到50岁，检讨一下，发现以往的49年犯了不少的过错。"

孔子到卫国去的时候，多半是住在他的家里。

（三四）仲孙何忌，姓仲孙，名何忌。曾学礼于孔子并请教《尚书》亲四邻之义。

（三五）商瞿，姓商，名瞿，字子木。鲁国人，比孔子小29岁。他喜好《易经》，故孔子传之。后来商瞿又传给楚人。商瞿的造诣胜过子夏。

（三六）公晳哀，姓公，名晳哀，字季次，亦作季沉。齐国人。他不肯屈节为大夫家臣，孔子对他极为称道。

（三七）梁鳣，姓梁，名鳣，一作鲤，字叔鱼。齐国人，比孔子小29岁。他年届30还没有生儿子，他母亲想为他另娶，后来受到商瞿的劝告乃作罢。

（三八）颜幸，姓颜，名幸，字子柳。鲁国人，比孔子小46岁。《礼记》上出现的颜柳也许就是此人。

（三九）冉孺，姓冉，名孺，字少鲁。鲁国人，比孔子小50岁。勤学好问。

（四十）曹䘏，姓曹，名䘏，字子循。比孔子小50岁。

（四一）伯虔，姓伯，名虔，字子析。比孔子小50岁。

（四二）公孙龙，姓公孙，名龙，字子石。卫国人，一说其为楚国人,比孔子小53岁。

（四三）冉季,姓冉,名季,字子产。 鲁国人,勤于讲道。

（四四）公祖句兹,姓公祖,名句兹,字子之。

（四五）秦祖,姓秦,名祖,字子南。 秦国人。

（四六）漆雕哆,姓漆雕,名哆,字子叙。 鲁国人。

（四七）颜刻,姓颜,名刻,字子骄。 当年,孔子在匡被围以及后来在卫国,跟随在南子后面驾车的就是颜刻。

（四八）漆雕徒父,姓漆雕,名徒父,字子文。

（四九）壤驷赤,姓壤驷,名赤,字子徒,长于诗书。

（五十）商泽,姓商,名泽,字子秀。

（五一）石作蜀,姓石,名作蜀,字子明。

（五二）任不齐,姓任,名不齐,字子选。 楚国人。

（五三）公良儒,姓公,名良儒,字子正。 陈国人,贤而有勇,他以私车五乘跟随孔子周游列国,随时予以保护。

（五四）后处,姓后,名处,字子里。 齐国人。

（五五）秦冉,姓秦,名冉,字子开。

（五六）公夏首,姓公,名夏首,字乘。 鲁国人。

（五七）公坚定,姓公,名坚定,字子中。 鲁国人,一说晋国人。

（五八）奚容华,姓奚,名容华,字子哲。 卫国人。

（五九）颜祖,姓颜,名祖,字襄。 鲁国人。 后来又学于曾子。

（六十）鄡单,姓鄡,名单,字子家。 晋国人。

（六一）句井疆,姓句,名井疆,字子孟。 卫国人。

（六二）罕父黑,姓罕,名父黑,字子素。

（六三）秦商,姓秦,名商,字丕。 鲁国人,比孔子小四岁。 他的父亲堇父和孔子的父亲都以勇力闻名,且建有功勋。

（六四）申党,姓申,名党,字周,鲁国人。

（六五）颜之仆,姓颜,名之仆,字子叔。 鲁国人。

（六六）荣旂,姓荣,名旂,字子祈,一作子颜。 以务学笃实著称。

（六七）县成，《孔子家语》也作悬成，字子祺。鲁国人。

（六八）左人郢，姓左，名人郢，字行。鲁国人。

（六九）燕伋，姓燕，名伋，字思。

（七十）郑国，姓郑，名国，字子徒。《孔子家语》称薛邦，字徒。

（七一）秦非，姓秦，名非，字子之。鲁国人。

（七二）施之常，姓施，名之常，字子恒。鲁国人。

（七三）颜哙，姓颜，名哙，字子声。鲁国人。

（七四）步叔乘，姓步，名叔乘，字子车。齐国人。

（七五）原亢籍，姓原，名亢，字籍。

（七六）乐欬，姓乐，名欬，字子声。鲁国人。一作乐欣或乐颀。孔子曾命他去拆三都城。

（七七）廉系，姓廉，名系，字庸。卫国人。

（七八）叔仲会，姓叔，名仲会，字子期。鲁国人，还有一说他是晋国人，比孔子小54岁。与孔璇年龄相仿，两人执笔侍孔子，孔子赞其少成若天性，习惯成自然。

（七九）颜何，姓颜，名何，字冉。鲁国人。

（八十）狄黑，姓狄，名黑，字皙。

（八一）邦巽，姓邦，名巽（《孔子家语》作选），字子敛。

（八二）孔忠，孔子的侄儿，字子蔑。曾问孔子以行己之道。

（八三）公西华，姓公西，名华，字子上。鲁国人。

（八四）公西舆如，姓公西，名舆如，字子上。

（八五）孔璇，孔子族人，年龄和叔仲会相仿。

（八六）颜浊邹，卫国人，是子路的妻兄。孔子初去卫国时，就是住在他家。

（八七）颜涿聚，是梁父的大盗，受学于孔子后，成为天下名士。

（八八）常季，尝受教于孔子。

（八九）牧皮，孔子曾指牧皮、琴张与曾晳等为狂者。

✿资料链接✿

董仲舒与独尊儒术

汉初文景之世奉行黄老哲学，经过数十年的惨淡经营，国家恢复了元气，家给人足，一片太平景象。公元前140年，雄心勃勃的汉武帝刘彻即位。上台伊始，他就一反先祖训故，开始重用儒生，倡导儒学，变无为政治为有为政治。于是，以董仲舒为代表的汉代新儒学便应运而生。

董仲舒写在中国文化史上最浓重的一笔，就是他建议汉武帝"罢黜百家，表彰六艺"。董仲舒从百家学说中选择儒学作为当时中国文化的中心，是有其独立思考的。首先，他重视汲取秦朝2世而亡的教训："自古以来，未尝有以乱济乱，大败天下之民如秦者也。"这完全是秦皇父子穷奢极欲、竭泽而渔、不修文德的必然结果。其次，汉承秦祚，"如朽木粪墙，虽欲善治，无可奈何"，"当更化而不更化，虽有大贤不能善治也。故汉得天下以来，常欲善治而至今不可善治者，失之于当更化而不更化也"。这实际上是对汉初奉行黄老之学，过分消极无为，至使诸侯王势力膨胀、社会教化松弛的理论批评。再者，打出儒家的旗号，实行外儒内法的政策有利于封建统治阶级的长久统治，"汉家自有制度，本以霸王道杂之"，正是推行这一政策的真实记录。

在董仲舒的世界观体系中，"天"是超自然、超社会、超诸神的至高无上的上帝，他说："天者，万物之祖也"，"百神之大君也"，"天亦人之曾祖父也"。"天"被描绘成为有意志和权威的，自然规律被歪曲为"天"的有意识的安排。他声称，阴阳流转而成四时，说明"天"好德而不好刑；春生夏长，秋收冬藏，则表示"天"的喜怒哀乐。他尽力渲染"天"的无穷威力，认为"天"是"甚可畏"的，一切人必须服从"天意"，敬畏"天殃"，否则必将招致"天"的严

厉惩罚。董仲舒的世界观明显具有唯心主义的、神学的性质。

在董仲舒的政治观念中,"王道之三纲,可求于天",即是说:君为臣纲、父为子纲、夫为妻纲的封建政治秩序,乃是天意的安排。其中,封建专制君主是"天"在人间的代表,他说:"唯天子受命于天,天下受命于天子。"董仲舒又说:"天"与封建君主之间有一种感应关系,如果国家的政治举措有了过失,"天"就要用灾异来向君主表示告诫或谴责。这种说法多少具有在封建君主身上增加一种制约力量的意味。

董仲舒把古代"阴阳"、"五行"的学说,纳入于自己的思想体系中,宣扬"天道右阳而不右阴"、"阳贵而阴贱"的观点,以此说明社会人伦中尊卑贵贱现象的合理性;宣扬"五行者,乃忠臣孝子之义",以此说明维护封建道德的合理性。这些观点都是为巩固封建秩序服务的。

在历史观上,董仲舒宣扬"三统循环"的观念。他认为,历史以黑统、白统、赤统的顺序依次循环更叠。比如在历史上,夏朝是黑统,商朝是白统,周朝是赤统。三者轮转替代,完成改朝换代。当一个王朝更替另一个王朝之际,在历法制度上要有相应的改变,这叫做"改正朔";在服饰方面也要相应的改变,这叫做"易服色"。他进而指出:王朝更替,历法、服色可变,封建统治的某些形式仪节可变,但绝不能改变它的实质。所以他说:"若其大纲人伦、道德、政治、教化、习俗、文义,尽如故,亦何改哉?故王者有改制之名,而无易道之实。"他坚信:"道"原于"天","道"贯古今,永恒不变,故应"奉天法古"。他说:"古之天下,亦今之天下;今之天下,亦古之天下。""道之大原出于天,天不变道亦不变。"

汉代的儒家思想,经过董仲舒的改造,其内容包括大一统思想、天人感应论、君权神授说、三纲五常说等等,这些观点和主张以现代文化意识来衡量,基本上不应属于儒家思想中的精华。然而它们不仅为当时的汉武帝所采纳,而且也为以后的封建统治者所接受。

孔子年表

公元前 551 年　（鲁襄公二十二年）　1 岁
　　　　　　　孔子 9 月 28 日生于鲁国陬邑昌平乡（今山东曲阜城东南）。关于孔子出生年月有两种记载，相差一年，今从《史记·孔世家》说。

公元前 550 年　（鲁襄公二十三年）　2 岁
　　　　　　　孔子在鲁。

公元前 549 年　（鲁襄公二十四年）　3 岁
　　　　　　　其父叔梁纥卒，葬于防山（今曲阜东 25 里处）。孔母颜征在携子移居曲阜阙里，生活艰难。

公元前 548 年　（鲁襄公二十五年）　4 岁
　　　　　　　孔子在鲁。

公元前 547 年　（鲁襄公二十六年）　5 岁
　　　　　　　孔子弟子秦商生，商字不慈，鲁国人。

公元前 546 年　（鲁襄公二十七年）　6 岁
　　　　　　　弟子曾点生，点字皙，曾参之父。

公元前 545 年　（鲁襄公二十八年）　7 岁
　　　　　　　弟子颜繇生，繇又名无繇，字季路，颜渊之父。

公元前 544 年　（鲁襄公二十九年）　8 岁
　　　　　　　弟子冉耕生，字伯牛，鲁国人。

公元前 543 年　（鲁襄公三十年）　9 岁
　　　　　　　孔子在鲁。这一年，郑国子产执政，"使都鄙有章，上下有服，田有封洫，庐井有伍。"（《左传·襄公三十年》）郑国大治。后来孔子对子产的政绩评价很高。

公元前542年　（鲁襄公三十一年）　10岁
　　弟子仲由生，字子路，卞人。是年鲁襄公死，其子姬裯继位，是为昭公。

公元前541年　（鲁昭公元年）　11岁
　　孔子在鲁。

公元前540年　（鲁昭公二年）　12岁
　　弟子漆雕开生，字子若，蔡人。

公元前539年　（鲁昭公三年）　13岁
　　孔子在鲁。

公元前537年　（鲁昭公五年）　15岁
　　孔子日见其长，已意识到要努力学习做人与生活之本领，故曰："吾十有五而志于学"。（《论语·为政》）

公元前536年　（鲁昭公六年）　16岁
　　郑铸刑鼎。弟子闵损生，字子骞，鲁国人。

公元前535年　（鲁昭公六年）　17岁
　　孔母颜征在卒。是年。季氏宴请士一级贵族，孔子去赴宴，被季氏家臣阳虎拒之门外。

公元前533年　（鲁昭公九年）　19岁
　　孔子娶宋人亓官氏之女为妻。

公元前532年　（鲁昭公十年）　20岁
　　亓官氏生子。据传此时正好赶上鲁昭公赐鲤鱼于孔子，故给其子起名为鲤，字伯鱼。是年孔子开始为委吏，管理仓库。

公元前531年　（鲁昭公十一年）　21岁
　　是年孔子改作乘田，管理畜牧。孔子说："吾少也贱，故多能鄙事。"（《论语·子罕》）此"鄙事"当包括"委吏"、"乘田"。

公元前 525 年　（鲁昭公十七年）　27 岁

郯子朝鲁，孔子向郯子询问郯国古代官制。孔子开办私人学校，当在此前后。

公元前 522 年　（鲁昭公二十年）　30 岁

自 15 岁有志于学至此时已逾 15 年，孔子经过努力在社会上已站住脚，故云"三十而立"。（《论语·为政》）是年齐景公与晏婴来鲁国访问。齐景公会见孔子，与孔子讨论秦穆公何以称霸的问题。弟子颜回、冉雍、冉求、商瞿、梁鳣生。回字渊，雍字仲弓，求字子有，瞿字子木，皆鲁国人；鳣字叔鱼，齐国人。

公元前 521 年　（鲁昭公二十一年）　31 岁

弟子巫马施、高柴、宓不齐生。施字子期，陈国人；柴字子高，齐国人；不齐字子贱，鲁国人。

公元前 520 年　（鲁昭公二十二年）　32 岁

弟子端木赐生，赐字子贡，卫国人。

公元前 518 年　（鲁昭公二十四年）　34 岁

孟懿子和南宫敬叔学礼于孔子。相传孔子与南宫敬叔适周问礼于老聃，问乐于苌弘。

公元前 517 年　（鲁昭公二十五年）　35 岁

鲁国发生内乱。《史记·孔子世家》云："昭公率师击（季）平子，平子与孟孙氏、叔孙氏三家共攻昭公，昭公师败，奔齐。"孔子在这一年也到了齐国。

公元前 516 年　（鲁昭公二十六年）　36 岁

齐景公问政于孔子，孔子对曰："君君、臣臣、父父、子子"。孔子得到齐景公的赏识，景公欲以尼溪之田封孔于，被晏子阻止。孔子在齐闻《韶》乐，如醉如痴，三月不知肉味。

公元前 515 年　（鲁昭公二十七年）　37 岁

齐大夫欲害孔子,孔子由齐返鲁。吴公子季札聘齐,其子死,葬于瀛、博之间。孔子往,观其葬礼。弟子樊须、原宪生。须字子迟,鲁国人;宪字子思,宋国人。

公元前514年　（鲁昭公二十八年）　38岁
晋魏献子（名舒）执政,举贤才不论亲疏。孔子认为这是义举,云:"近不失亲,远不失举,可谓义矣。"

公元前513年　（鲁昭公二十九年）　39岁
是年冬天晋铸刑鼎,孔子曰"晋其亡乎,失其度矣。"

公元前512年　（鲁昭公三十年）　40岁
经过几十年的磨练,对人生各种问题有了比较清楚的认识,故自云"四十而不惑"。弟子澹台灭明生。灭明字子羽,鲁国人。

公元前511年　（鲁昭公三十一年）　41岁
弟子陈亢生。亢字子禽,陈国人。

公元前510年　（鲁昭公三十二年）　42岁
昭公卒,定公立。

公元前509年　（鲁定公元年）　43岁
弟公西赤生。赤字华,鲁国人。

公元前507年　（鲁定公三年）　45岁
弟子卜商生,商字子夏,卫国人。

公元前506年　（鲁定公四年）　46岁
弟子言偃生。偃字子游,吴国人。

公元前505年　（鲁定公五年）　47岁
弟子曾参、颜幸生。参字子舆,鲁国人。幸字子柳,鲁国人。

公元前504年　（鲁定公六年）　48岁
季氏家臣阳虎擅权日重。孔子称之为"陪臣执国命"。(《论语·季氏》)《史记·孔子世家》云："陪臣执国政。……故孔子不仕,退而修《诗》、《书》、《礼》、《乐》,弟子弥众,至自远方,莫不受业焉。"阳虎欲见孔子,孔子不想见阳虎、后二人在路上相遇。阳虎劝孔子出仕,孔子没有明确表态。此事当在鲁定公五年或鲁定公六年。

公元前 503 年　　(鲁定公七年)　49 岁
弟子颛孙师生。师字子张,陈国人。

公元前 502 年　　(鲁定公八年)　50 岁
自谓"五十而知天命"。(《论语·为政》)公山不狃以费叛季氏,使人召孔子,孔子欲往,被子路阻拦。

公元前 501 年　　(鲁定公九年)　51 岁
孔子为中都宰,治理中都一年,卓有政绩,四方则之。弟子冉鲁、曹妌、伯虔、颜高、叔仲会生。鲁字子鲁,鲁国人;妌字子循,蔡国人;虔字子析,鲁国人;高字子骄,鲁国人;会字子期。鲁国人。

公元前 500 年　　(鲁定公十年)　52 岁
孔子由中都宰升小司空,后升大司寇,摄相事。夏天随定公与齐侯相会于夹谷。孔子事先对齐国邀鲁君会于夹谷有所警惕和准备;故不仅使齐国劫持定公的阴谋未能得逞,而且逼迫齐国答应归还侵占鲁国的郓、鄹、龟阴等土地。

公元前 499 年　　(鲁定公十一年)　53 岁
孔子为鲁司寇,鲁国大治。

公元前 498 年　　(鲁定公十二年)　54 岁
孔子为鲁司寇。为削弱三桓,采取堕三都的措施。叔孙氏与季孙氏为削弱家臣的势力,支持孔子的这一主张,但此一行动受孟孙氏家臣公敛处父的抵制,孟孙氏暗中支持公敛处父。堕三都的行动半途而废。弟子公孙龙生。龙字子石,楚国人。

公元前 497 年	（鲁定公十三年）	55 岁

齐国送 80 名美女到鲁国。季桓子接受了女乐,君臣迷恋歌舞,多日不理朝政。孔子与季氏出现不和。孔子离开鲁国到了卫国。十月,孔子受谗言之害,离开卫国前往陈国。路经匡地,被围困。后经蒲地,遇公叔氏叛卫,孔子与弟子又被围困。后又返回卫都。

公元前 496 年	（鲁定公十四年）	56 岁

孔子在卫国被卫灵公夫人南子召见。子路对孔子见南子极有意见批评了孔子。郑国子产去世孔子听到消息后,十分难过,称赞子产是"古之遗爱"。

公元前 495 年	（鲁定公十五年）	57 岁

孔子去卫居鲁。夏五月鲁定公卒,鲁哀公立。

公元前 494 年	（鲁哀公元年）	58 岁

孔子居鲁,吴国使人聘鲁,就"骨节专车"一事问于孔子。

公元前 493 年	（鲁哀公二年）	59 岁

孔子由鲁至卫。卫灵公问陈（阵）于孔子,孔子婉言拒绝了卫灵公。孔子在卫国住不下去,去卫西行。经过曹国到宋国。宋司马桓魋讨厌孔子,扬言要加害孔子,孔子微服而行。

公元前 492 年	（鲁哀公三年）	60 岁

孔子自谓"六十而耳顺"。孔子过郑到陈国,在郑国都城与弟子失散独自在东门等候弟子来寻找,被人嘲笑,称之为"累累若丧家之犬"。孔子欣然笑曰:"然哉,然哉!"

公元前 491 年	（鲁哀公四年）	61 岁

孔子离陈往蔡。

公元前 490 年	（鲁哀公五年）	62 岁

孔子自蔡到叶。叶公问政于孔子,并与孔子讨论

有关正直的道德问题。在去叶返蔡的途中,孔子遇隐者。

公元前 489 年　（鲁哀公六年）　63 岁

孔子与弟子在陈蔡之间被困绝粮,许多弟子因困饿而病,后被楚人相救。由楚返卫,途中又遇隐者。

公元前 488 年　（鲁哀公七年）　64 岁

孔子在卫。主张在卫国为政先要正名。

公元前 487 年　（鲁哀公八年）　65 岁

孔子在卫。是年吴伐鲁,战败。孔子的弟子有若参战有功。

公元前 486 年　（鲁哀公九年）　66 岁

孔子在卫。

公元前 485 年　（鲁哀公十年）　67 岁

孔子在卫。孔子夫人亓官氏卒。

公元前 484 年　（鲁哀公十一年）　68 岁

是年齐师伐鲁,孔子弟子冉有帅鲁师与齐战,获胜。季康子问冉有指挥才能从何而来？冉有答曰"学之于孔子"。季康子派人以币迎孔子归鲁。孔子周游列国 14 年,至此结束。季康子欲行"田赋",孔子反对。孔子对冉有说:"君子之行也,度于礼。施取其厚,事举其中,敛从其薄。如是则丘亦足矣"。

公元前 483 年　（鲁哀公十二年）　69 岁

孔子仍有心从政,然不被用。孔子继续从事教育及整理文献工作。孔子的儿子孔鲤卒。

公元前 482 年　（鲁哀公十三年）　70 岁

孔子自谓"七十而从心所欲,不逾矩"。颜回卒,孔子十分悲伤。

公元前 481 年　（鲁哀公十四年）　71 岁

	是年春,狩猎获麟。孔了认为这不是好征兆,说:"吾道穷矣"。于是停止修《春秋》。六月齐国陈恒弑齐简公,孔子见鲁哀公及三桓,请求鲁国出兵讨伐陈桓,没有得到支持。
公元前 480 年	(鲁哀公十五年)　72 岁
	孔了闻卫国政变,预感到子路有生命危险。子路果然被害。孔子十分难过。
公元前 479 年	(鲁哀公十六年)　73 岁
	四月,孔子患病,不愈而卒。葬于鲁城北。鲁哀公诔之曰:"天不吊,不潎遗一老,俾屏余一人以在位,茕茕余在疚,呜呼哀哉!尼父!无自律"。不少弟子为之守墓三年,子贡为之守墓六年。弟子及鲁人从墓而家者上百家,得名孔里。孔子的故居改为庙堂,孔子受到人们的奉祀。